大夏书系·教师专业发展

郑杰 ——— 著

简明教学设计

11讲

华东师范大学出版社
全国百佳图书出版单位
·上海·

图书在版编目（CIP）数据

简明教学设计11讲／郑杰著．—上海：华东师范大学出版社，2021
ISBN 978-7-5760-1601-7

Ⅰ.①简…　Ⅱ.①郑…　Ⅲ.①中小学—教学设计　Ⅳ.① G632.0

中国版本图书馆 CIP 数据核字（2021）第 065115 号

大夏书系·教师专业发展

简明教学设计 11 讲

著　者	郑　杰	
策划编辑	李永梅	
责任编辑	韩贝多	
责任校对	杨　坤	
封面设计	奇文云海·设计顾问	

出版发行 华东师范大学出版社
社　　址 上海市中山北路 3663 号　　邮编　200062
网　　址 www.ecnupress.com.cn
电　　话 021-60821666　　行政传真　021-62572105
客服电话 021-62865537
邮购电话 021-62869887　　地址　上海市中山北路 3663 号华东师范大学校内先锋路口
网　　店 http://hdsdcbs.tmall.com/

印 刷 者 北京密兴印刷有限公司
开　　本 700×1000　16 开
插　　页 1
印　　张 11.5
字　　数 175 千字
版　　次 2021 年 6 月第一版
印　　次 2025 年 1 月第十次
印　　数 30 101-32 100
书　　号 ISBN 978-7-5760-1601-7
定　　价 42.00 元

出 版 人 王　焰

（如发现本版图书有印订质量问题，请寄回本社市场部调换或电话 021-62865537 联系）

序言　以教学技术为业

现代社会带有浓厚的工商业特征，你会发现设计无处不在。随着消费升级，越来越多的消费者变得挑剔起来，人们更愿意欣赏那些富有设计感的东西。无论是一件物品还是一种精神性的产品，人们更容易被优秀的设计深深吸引，为之怦然心动。

我们来想象一下，你买了一处商品房，小区环境和大楼外观是精心设计过的，房屋结构也是精心设计过的；你买下之后，内部装修肯定要精心设计一下；房子装修好了，无论是家具还是软装，哪一样不需要精心设计？终于可以入住，庆贺乔迁之喜，呼朋唤友大吃一顿，你太太给自己添了一件富有设计感的新衣服，找造型师做了个新发型，上了馆子，餐桌上哪一瓶酒哪一道菜不经过设计？

在商业社会，设计无处不在，甚至在许多行业的工作中，设计占据了核心的地位，比如建筑业、广告业、汽车制造业、服装业等，这其中也包括教育业。教师职业的许多工作都需要设计，课程需要设计，教材需要设计，教学需要设计，评价需要设计，连开个班会、组织一个德育活动都需要精心设计。

没有好的设计就不会有好的教育。在教师的那么多设计工作中，毫无疑问，教学设计是一项核心技术。教师工作是否能取得成效，在很大程度上取决于是否掌握了教学设计的专业知识和技能。

与其他不少专业相比，教师的专业有点特别，教师是"双专业"。第一个专业是科目内容知识，第二个专业是行动系统知识。科目内容知识是指教师所要教授的学科内容，行动系统知识则是指与上课相关的一些程序和方式方法。这两个专业，对教师来说，哪个更为重要？要是回到全社会文化程度不高、资讯不发达的时代，教师本人可能是学生获得知识的唯一来源，教师肚子里的那些科目内容知识自然显得十分金贵，教师的社会地位也就挺高的；但是，在知识唾手可得的信息社会，教师的行动系统知识恐怕更为重要，也是不可替代的。教师要想获得专业尊严，就应该在行动系统知识方面不断提升自己的水平，让自己成为"教"的专家。

成为"教"的专家，或者说使自己的行动系统知识丰富起来，具体说来就是要能够做好五件事（也被称为 ADDIE 模式），这五件事分别是：分析（Analysis）、设计（Design）、开发（Development）、实施（Implementation）和评价（Evaluation）。

分析：对课程要求、学习者需求、任务、背景情况等做出理性分析；

设计：确定教学的具体目标，编制评价方案检测学习者是否达成目标，对教学策略做出最优选择；

开发：做好教学材料、媒体和环境方面的准备；

实施：围绕教学目标，组织教学活动，并确保活动的有效性；

评价：对学习者的学习进行形成性评价和总结性评价。

在 ADDIE 模式中，设计显然是个核心，或者说教学设计是教师行动系统知识中的核心。

与大多数其他职业相比，教学设计带有设计的一切特征，比如说都要事先写出文案（图纸），都需要在细节上反复推敲，而且最终都是要经过客户（学习者）的检验。所不同的是，教学设计的难度特别大，因为学习过程很复杂，而且学习者的差异性也很难兼顾，总之需要设计者统筹协调的因素特别多。因此，要格外花时间和精力来学习。

我强调教学设计的极端重要性，一个显而易见的原因就是教师的工作场景很复杂。课堂教学的复杂性，逼迫教师在教学过程中做一次又一次的临时性决策。教师课前所做的教学设计越是周密，那么课堂上为应对复杂情况做出的临时性决策就会越从容，越恰当。

教师要同时处理许多不同的事，比如在讲授的同时，要观察坐在最后一排的学困生，观察他是不是又有捣蛋的迹象；在组织课堂讨论时，不仅要倾听学生的发言，更要对他的发言迅速做出反应，同时还要留意那些没有发言的学生，看他们是否理解了，是不是注意力又涣散了。

一个优秀的教师似乎长着三头六臂，才能处理好复杂任务。而这一切的前提就是课前的精心准备。课前的教学设计不仅能使教学实施过程更从容，更为重要的是，可以有效避免因为教师本人的差错而导致的乱堂现象。有时候，一堂乱课，其根源恰恰在于教师事先设计不够精到，教学实施过程中也就不得不经常地、随机地调整教学方案，导致学习者注意力下降，最终造成各种纪律问题和不少我们事先无法预计也都不愿意看到的混乱局面。所以，从某种意义上说，未加精心设计的课简直是在给自己添乱。一个不能很好地控制自己教学的教师就不能很好地控制课堂局面。

教学设计是我们这些当老师的专业中的专业，那如何设计出一堂好课呢？我认为主要有四点：明确好课的标准；寻求理论的支撑；掌握设计的技能；建立优化的思想。

明确好课的标准

检验你的教学设计好不好，主要就是看你的设计能不能导出一堂好课。什么是一堂好课？以下三大标准是被普遍认可的：一是效果好，二是效率高，三是有吸引力。

好课的第一条标准是效果好。在我看来，所谓效果好就是教学目标能够达成。什么是教学目标？教学目标就是对教学结果的预期，也就是你上完一堂课，你希望学生学到什么，达到什么水平。课好不好主要是看教学目标是否达成，这一点没有什么争议。

好课的第二条标准是效率高。什么是效率？效率就是速度快，省时间。也就是说，好课是"又好又快"的，教学目标达成叫作"好"，省时间就是"快"。比如说，一般需要20分钟背出十个单词，而你的学生在你的指导下掌握了记忆术，五分钟就背得滚瓜烂熟了，这就是又好又快，效率高当然就是好课。

好课的第三条标准是有吸引力，也就是学生们喜欢。你的课激发了学生的学习积极性，让他们高度投入，欲罢不能，意犹未尽，这就是好课。

效果、效率和吸引力，哪条标准更重要呢？如果这三条标准只能选一条的话，应该提哪一条？功利主义者更有可能主张效率，国内不少学校提出有效教学，主要就是在强调在尽可能短的时间里取得效果。而从教学设计者的角度看，首先要关注教学目标的达成，或者说一切设计，无论哪个领域的设计都应首先关注预期结果的达成，否则，我们将很难讨论任何与设计有关的问题。

寻求理论的支撑

教学设计主要依据的理论是"学习理论"。学习理论研究的是学习的规律，教学要尊重规律，那就是要尊重学习规律，一份合格的教学设计，一定要尊重科学规律。学习理论家们对教学提出建议，而教学设计研究者和实践者要根据学习理论及学习理论家的建议提出教学设计的构想。因为学习理论对教学设计有重大指导作用，教学设计者（教师）应该关注学习心理学和脑科学的最新研究成果，以刷新我们对学习的认识。

在这本书中，我将要给大家介绍行为理论和认知理论，尤其是认知理论中的建构主义理论。建构主义的核心观点是：学习者不是一个等待灌输的容器，知识是由学习者主动建构的。这个理论给我们带来两方面的启示：其一，教学设计归根到底是要设计出一个帮助学习者主动建构知识的方案，而不是设计出一篇讲稿；其二，作为一名教学设计的学习者，不能简单接受他人提供给你的那些信息，而要主动理解，并努力达到迁移。

除了学习理论，在本书中还会给大家介绍与教学设计相关的其他理论，比如教学设计理论、课程论、教学论、教学评价理论、合作学习理论等。总之，缺乏理论指导，就不会有高水平的教学设计。

掌握设计的技能

我们当老师的都知道要进行备课和集体备课，通常我们所说的备课是一个大概念，其中包含着教学设计。习惯上说的备课，还应该包括心理上的、组织上的、设施设备上的准备，设计是个更专业的说法，强调备课的技术层面，也就是说，当我们提教学设计，强调的是依靠专业技术来进行科学的备课。

从更深层次上来理解，"设计"这个词既是一个动词也是一个名词。作为一个动词，"设计"是一个过程，意思是起草、规划和概述，也就是说设计其实就是一项技能；而"设计"作为一个名词，则是一种产品，一个计划，一种对细节的安排。如果设计作为一种产品，那么与其他产品一样，都是要等待检验的，而检验就要依据标准。"教学设计"既是一个过程又是一种产品，从这个层次上理解，教学设计的技术要求是很高的。一份完整的教学设计，应包括三个主要成分：

（1）期望达到的结果。要明确一堂课到底让学生学什么以及学到什么程度，这就是教学内容、任务和目标，也叫作定向。

（2）评估的证据。你如何判定学习者达到了你的期望，这就要搜集证据来对学习者的学习做评估。

（3）活动设计。你将使用什么教学模式、方式、方法及策略使学习者达到你的期望。

上面这三个成分，单独看，每一个成分都需要教师的专业技能做支持。更难的是，这三个成分还要协调起来，作为一个系统，达到"最优"。这就要求我们不仅要掌握教学设计的基本知识，还要"刻意练习"，提高自己的技能水平。所以，提高教学设计能力，光是阅读教学设计方面的书籍是远远不够的。

建立优化的思想

教学设计是实践性很强的一件工作，这一工作背后的"哲学"就是"系统最优"。赖格卢特在《教学设计是什么及为什么如是说》一文中指出："任何设计活动的宗旨都是提出达到预期目的的最优途径，因此，教学设计主要是关于提出最优教学方法的处方的一门学科，这些最优的教学方法能使学生的知识和技能发生预期的变化。"下面，我来解读一下赖格卢特的这段话，看看到底什么是"系统最优"。

（1）教学设计中的各个要素全部都要指向期望达到的结果，就是赖格卢特所说的预期目的。

（2）教学设计就是一个不断选择并做出决策的过程，赖格卢特所说的"处方"其实强调的是从各种各样五花八门的教学方法策略中权衡和比较，选出最合适的，最合适的就是最优的，用俗话说就是"最好的鞋子是最合脚的那双"。

（3）不存在某一种方法是最好的，即使这种方法很流行。关键是看这种方法是否有效地支持学习者达到你的预期。建立了系统优化思想的教学设计者，不承认有任何放之四海而皆准的教学方法。

那我们如何检验一份教学设计是不是最优呢？詹姆斯·L·默塞尔在《成功的教学》中指出，成功的教学是指那种可以带来有效学习的教学。决定性的问题不在于运用什么样的方法或过程，也不在于这些方法或过程是过时的还是现代的，是久经检验的还是尚处于实验阶段的，是传统的还是不断进步的。所有这些思考或许是重要的，但都不是最终的结论，因为它们只是手段而不是目的。教学成功的终极指标是——结果！

以上我强调了做好教学设计的四个基本要求，这四个要求将贯穿在全书中。因为这是一本写给初学者看的书，因此对盘根错节的教学理论做了简化处理，突出可读性和操作性，同时刻意回避了一些存在争议的知识和方法。大家知道，教学研究领域里概念多、理论多、流派多，一旦带着读者陷入其中，可能寸步难行。

我希望这本书成为青年教师，尤其是才走上工作岗位的教师攀登专业顶峰的第一级台阶，让他们在备课本面前心中更有底气，我的辛劳也就没有白费。

要特别感谢华东师范大学出版社大夏书系团队长期以来对我一如既往的信任和支持；感谢我的事业伙伴徐红女士，她给了我充足的时间和空间，让我可以做我认为有价值的事；感谢我的老朋友周彩华女士，她是将我此书中的内容带入课堂实践的第一人；感谢我的徒弟晏璟、吴莹、金凯民、罗晖，在半年写作过程中的每个日日夜夜都有他们的陪伴；感谢我的好友寇晓燕、周云燕、李娟、蒋明珠、赵海涛、杜鹏妹，我迫不及待地把草稿发给他们，从他们的反馈中收获了不少建设性建议，因此全书的字里行间带着不少他们的智慧。

这是在新冠肺炎疫情爆发这一特殊时段里写成的一本书。我特别要把这本书献给我的妻子和孩子，我的父母，献给一切给这个世界温暖的人。

郑　杰

2020 年 8 月 13 日

目录
CONTENTS

第一讲 四种教学方式

导 语

用最简单的话来讲，教学设计实质上就是在做最优选择，即，为实现教学目标，教师要从各种教法中选出最合适的一种或多种。所以，做教学设计之前，教师就一定先要知道到底有多少种教法可以备选，知道每一种教法的操作要领和适用性。

到底有多少种教法呢？最简单的分类方法是将教法分为直接教学和间接教学两种。顾名思义，直接教学就是教师直接将答案告诉学习者，比如"讲授法"和"直导式"；间接教学就是由学生自己摸索着学会，而教师则成为学生的帮助者、促进者和组织者，比如"指导发现式"和"探究式"。

这一讲要告诉大家讲授法、直导式、指导发现式和探究式这四种教法的基本操作要领，还要告诉大家四种教法背后的理论依据。

三大学习理论

理论是做什么用的？理论主要是用来解释现象的，越是好的理论对现实就越有解释力。

理论，尤其是科学理论，对做好教学设计很重要。你想知道怎样教才有效，必先要了解学生是怎么学习的。关于学习是如何发生的，要听听理论家们是怎么解释学习这件事的。这就好比医生要治疗某种疾病，必先要解释这种疾病是怎么来的，否则就拿不出对症的治疗方案。

关于人是如何学习的，主要有三种理论，分别是吸收理论、行为理论和认知理论。下面给大家做个简要介绍。

第一，吸收理论。顾名思义，这种理论把学习看成一个吸收知识的过程。想象一下，学习者是海绵，知识像是水滴，学习就是海绵吸收水分的过程。学习者是海绵，那教师是什么？教师当然就是水源，教师为学习者提供知识，而学习者吸收知识。有一个常用的比喻，教师要给学生一碗水，那就得准备一桶水，就是这种理论的一个延伸。最能代表这一理论的教法就是"讲授法"了。

在科学心理学登场之前，人们凭直觉认为，儿童就是一块白板，等待着我们成年人去挥墨。即使心理学对学习做出更为科学的解释了，人们依然习惯性认为学生的学习就是等待被灌输的过程。

第二，行为理论。这种理论认为学习就是获得某种心智联结。这么说有点费解，还是举例子说明吧。小狗是怎么学会听到铃声就会流口水呢？一开始小狗吃狗粮的时候会流口水，现在，每次小狗吃狗粮的同时就摇铃，后来，只要摇铃，即使不给它喂食物，小狗也会流口水，于是我们明白了什么是学习。学习就是将铃声与流口水建立联结，原本流口水是与狗粮联结的，现在加入了铃声，小狗的学习发生了，这就是所谓的心智联结。教师的任务就是要让学习者对某个问题形成正确的回答或反应，可以通过"强化"手段，将某个回答或反应与学习者建立心智联结。

行为心理学的代表人物华生曾经信心满满地说：给我一打健全的婴儿，一个由我支配的特殊环境，让我在这个环境里养育他们，我可以保证，在其中随机选出一个，训练成为我所选定的任何类型的人物——医生、律师、艺术家、企业家，或者乞丐、窃贼，不用考虑他的天赋、倾向、能力及祖先的职业与种族。

最能反映行为理论的教法就是直导式教学，主张小步子渐进式的教，对学生的行为要及时反馈，要使用强化的方法给学生奖励和惩罚。你可能还听说过"掌握学习""程序教学"，都是这个理论的杰作。

第三，认知理论。认知理论认为学习是个体主动建构心智的过程，学习者将来自环境的新信息和记忆中已有的知识进行整合，这才是学习。根据对学习所做的解释，认知理论提出以下这些教育的理念、原则和方法：知识是学习者主动建构的，因此学生才是学习的主体，要发挥学生的主动性；教学要创设问题情境，让学生自己在解决问题中学会；要基于学生原有的知识结构来展开教学；学习就是对话的过程，教师要让学生在互动中学习，包括与教材、与同伴、与教师、与自然和社会进行互动；等等。

不过，认知理论并非铁板一块，认知理论有两个经典的支脉学说——认知结构主义和建构主义，它们都强调学习的主动建构性，主张由学习者自己建构自己的知识体系。它们的区别在于，认知结构主义认为，教学的目的在于理解学科的基本结构，要将学科的基本结构转变为学生头脑中的认知结构，布鲁纳的发现式教学就属于这一理论的产物；而建构主义认为，学习者是在具体的情景中主动建构自己的知识体系，每个人对知识的理解是不一样的，建构主义的一个产物就是探究式教学。

建构主义也不是铁板一块，建构主义也还有两大主要流派：一是认知建构主义，二是社会建构主义。前者认为学习是在"个人"头脑里发生的，一方面，新经验要获得意义需要以原来的经验为基础，从而融入到原来的经验结构中；另一方面，新经验的进入又会使原有的经验发生一定的改变，使它得到丰富、调整或改造。而后者则认为知识是在人类社会范围中，通过个体与个体间的相互作用及个体自身的认知过程而建构起来的，因此，社会建构主义更强调人际互动，强调合作学习。

不同的学习理论对学习做出了不同的解释，也对教学方式提出了相应的要求。关于教学方式的分类，学说众多，本书采用美国教育心理学家露丝·克拉克博士的分类方法，她将教学方式分为接受式（讲授法）、直导式、指导发现式和探究式。这四种教学方式分别对应吸收理论、行为理论、认知理论和建构主义。下面我们一一介绍。

吸收理论与讲授法

讲授法又称为接受式教学，反映了吸收理论的观点，这一理论认为人就是一张白纸，学习是一个被动吸收的过程，教学好比是将知识像水一样泼出去，等着学习者如同海绵一样吸收。

什么是讲授法？讲授法就是将信息传递给学习者的一种方式。讲授与灌输不是一个概念，讲授有时候是一种灌输，可有时候不是。区分是讲授还是灌输，关键看学习者是否被动接受，以及讲授的知识是否对学习者有意义。要是课堂中取消灌输，课堂会更有效，也更有活力；要是取消讲授法，教学就无法展开了，毕竟教学是要向学习者传递信息的，尤其是课堂的初始阶段。

我们不要认为教师在讲授，学习者端坐在课桌前沉默无语，也几乎看不到他们任何的神情和动作，就以为他们在被动接受。心理语言学的实验表明，人的听讲过程包含着极其复杂的心理活动。教师的声音输入大脑，学习者将新知识进行融合，进而化为他自己的知识，学习者同样在积极地建构，只是教师讲授时，学习者的建构活动是内隐的、无形的、无声的。

认知理论家奥苏贝尔甚至认为，讲授法是高级的教学方法，他提出了意义学习理论，认为讲授法甚至比发现法更为高级。因为它可以脱离具体情境的限制，从而使教学突破个人生活的局限。不过，讲授法的有效性取决于学习必须对学习者有意义。如果没有意义，那就是机械学习，就沦为灌输式教育了。发展心理学家维果茨基也有类似的看法，他认为"科学理论是高于正在学习它们的儿童自身的生活的，是他们自发的学习活动难以企及的，因此，教师亲自讲授便成为一种必须"。

以上，我对讲授法做了辩护，虽然在课堂教学中讲授法必不可少，但我们也要注意讲授法的天然缺陷，防止滥用。1953 年美国认知心理学家布鲁姆研究发现，在课堂讲授时，学生的思维活动中有 31% 与讲授内容无关，37% 在试图理解讲授语词的内容，20% 在评价讲授语词的含义与精确性，只有 8%

与应用、分析、综合及问题解决相关。可见讲授法对于知识以外的其他内容的学习，特别是需要较高级的认知活动的学习内容，还是有一定局限的。

从学生方面看，讲授法对有不同个性的学生所起的作用也不同。研究发现，性格内向的学生，从课堂讲授中要学习得更好一些；性格外向的学生，则更乐于独立学习或参加课堂讨论。

总之，精心设计的讲授，是教学的重要组成部分；而课堂中的灌输，导致学习者机械学习，是我们要明确反对的。

行为理论与直导式教学

直导式教学方式反映了行为主义心理学的教学原则。行为理论认为，学习就是获得某种心智联结，学习就是一点一滴获取知识和技能的过程，应该从最基础的地方开始教学，循序渐进地达标。直导式教学是依据行为理论而形成的一种教学方式，这种方式注重学习者的行为反应，会大量使用强化的方法，按照小步子的原则循序渐进地展开教学。直导式教学方式有两种，一种是赫赫有名的"掌握学习"，还有一种是极具生命力的"程序教学"。

让我们来看一个很能反映行为主义理论的例子。一个娃娃看到妈妈（刺激物）后，伸开双臂在嘴里发出模糊的"mama"（反应行为），妈妈赶紧把宝宝抱起来，重复着"说得对，mama"（强化刺激物），接着孩子会再次说出"mama"这个单词（反应行为）。你看，宝宝就这么学会说"妈妈"了。

我们来看看行为主义对上述例子的解释：

（1）行为是可观察和确定的。宝宝看到刺激物并做出了相应的反应，他的反应是嘴里发出"mama"的声音，这个反应是可以被观察到的和可确定的。行为理论认为，有些反应虽然是内部的，比如恐惧感是内部反应，可是也会通过外部行为表现出来的，比如心跳、出汗等。

（2）强化刺激物会诱发同样行为的发生。妈妈把宝宝抱起来并重复"mama"，这是强化刺激物，持续强化让宝宝最终学会了"妈妈"这个词。所谓强化物不一定是实物，也可以是行为、表情等。只要在某种行为发生之后，这种行为本身或者由它带来的后果可以刺激该行为的再次出现，就属于"强化物"。

（3）行为理论的核心概念是强化。这一理论认为我们可以调节强化物的种类、频率、强度来帮助学习者学习。

（4）不同的个体会对一个完全相同的刺激做出完全不一样的反应，而且对某一个个体有效的强化物，对另一个个体未必有效。因此，应制定个体化的行为目标，精心设计强化物的种类、频率和强度。

（5）循序渐进，每一步都应该是一小步，从而确保学习者能够做出正确反应。学习者从他们对知识的正确反应中得到强化，从而使他们坚持得更久并积极向新的目标迈进。宝宝第一次开口发出"mama"的音，妈妈不应该着急就教宝宝唐诗和《论语》，否则宝宝的挫败感会让他们停止学习。

行为理论的五个要点先解释到这里，下面我们来看看强化的种类，以及不同的强化手段是如何影响学习的。行为主义心理学家斯金纳把强化物分为两种：正强化物（positive reinforcers）和负强化物（negative reinforcers）。

对正强化物的效用可以从两个层面来理解。

一个层面是，某一行为如果会给人带来愉快和满足，如给予食物、金钱、赞誉和关爱等，那么他就会倾向于重复该行为。比如，宝宝无意中发出"mama"的音，妈妈的拥抱给宝宝带来愉悦和满足，这就是正强化。如果宝宝想要个玩具（刺激物），于是哭闹（反应），妈妈被烦不过，给宝宝买了玩具（正强化物），宝宝就学会了哭闹。在课堂上，教师的一个微笑，教师对教学的热情，教师对学习者学习成果的关注和欣赏，甚至与学生随意的交谈等，都是强化物。

另一个层面是，某一行为如果能减少和消除人的不快和厌恶，如减少噪声、严寒、酷热、电击和责骂等，人也会倾向于重复该行为。比如，学生在捣蛋（行为），教师停下不讲课了（强化物），结果捣蛋行为更多了。为什么呢？因为教师唠唠叨叨讲课，内容很乏味，忽然减少了唠叨，就等于强化了学习者的捣蛋行为。在这里，教师的停止讲课就是一种强化物。

以上，我们看到的是正强化物的效用，下面我们看负强化物的效用，也可以从两个层面来理解：惩罚性强化物和消退性强化物。

惩罚性强化物是指会给人带来不快的东西，能使人的行为倾向减弱。比如，宝宝看到火苗（刺激物），手不由自主地伸了过去（反应），结果被烫到了（负强化物），宝宝知道了"火是危险"的。一些负强化物是看不见却能感受到的，比如课堂里师生关系紧张，学习者置身于教室之中就会感到压力和恐惧。

消退性强化物是指减少或取消令人愉快的东西，也能使人倾向于终止或避免重复该行为。比如，孩子喜欢玩游戏，我们可以和孩子约定，要是早上起床没有叠被子，那就减少玩游戏的时间。

行为理论最杰出的运用不仅在我们的教育系统和课堂领域中，而且还成功地创造了游戏行业的商业奇迹。在《游戏改变世界》一书中，作者简·麦戈尼格尔提出了游戏的四大基本特征：自愿参与、反馈和强化系统、游戏目标以及规则。我们来看看游戏是如何将行为理论所提供的原则和方法发挥到极致的。

首先从自愿参与的角度来看，电子游戏吸引人最重要的一点是因为游戏提供的选择多。特别是在大型网游中，人物形象数不胜数，玩家可以根据自己的喜好、特长自愿选择并参与到游戏中来。其次是反馈和强化系统。反馈系统、游戏目标和规则其实可以看成一个整体。游戏提供了明确的目标，为了达到这个目标就需要制定特定的规则，而反馈和强化系统则能够实时地体现出所要完成任务的进度。比如说，游戏中最常见的强化物就是积分、等级、排行榜。这三种强化物还被运用到商业领域，同样获得了成功。

以上所说的这四种要素共同作用，让玩家在游戏过程中处于一种叫作"心流"的状态。所谓"心流"，就是指一个人专注于自己所做的事情，达到了一种高度的愉悦状态，并且感觉时间过得很快，不愿意中断。

行为理论就介绍到这里，这一理论非常庞大和繁杂，这里只能择其精要。接着我们来看行为理论在教学中的具体运用。

最能反应行为理论的教学方式就是直导式教学，掌握学习和程序教学是直导式教学的代表，前者曾经在国内广泛用于提高学业成绩，后者与计算机辅助教学、互联网教学（混合学习）匹配度很高，因此前景广阔。

我们先来看掌握学习。

掌握学习是由卡罗尔和布鲁姆提出的，他们做了一个乐观的假设：只要时间足够，而且给出适当的材料和讲解，几乎所有的学生都有可能达到要求的任何学习目标。我们常说"没有教不会的学生"，要找到这句话的鼻祖，那就是掌握学习了。只是掌握学习并没有夸下海口说每个学生都能教会，掌握学习承诺的是"几乎所有的学生……可能……"而不是"每一个……都……"。真正达到掌握学习还是有些困难的，要满足两个前提条件：一个前提是"时间足够"，另一个前提是"适当的材料和讲解"。

"没有教不会的学生"这句口号肯定是不成立的，这不用费功夫去证明，那么掌握学习的假设成立吗？可以说成立一半吧。目前，掌握学习已受到广泛的研究，库里克和本格特·德若恩斯的研究结果表明：这种方法能够适度地提高学习的效果，但这种提高往往表现在与课程有关的测验中，在对知识迁移方面，没有显示出优势。这就是说，掌握学习确实有利于提高考试成绩，但是没有证据表明这种方式能发展学生的能力。

那掌握学习为什么会起效？因为掌握学习是行为理论中斯金纳学说的最直接的应用，它提供了高度系统化的刺激控制和及时强化。掌握学习体现了行为理论的本质特征：

（1）对任何学科的掌握是由能够体现课程或单元目标的一系列主要目标来体现的。那么，什么是"掌握"？目标达成就是掌握。

（2）把一个较大的内容分成若干相对较小的学习单元。每个学习单元都有它自己的目标，而每个较小的目标要么是整体目标的一部分，要么就对于整体目标的掌握至关重要。用通俗的话来说就是"小步子走""段段清"。

（3）确定学习材料和选择教学策略。这句话的意思是，要根据学习材料的类型来选择教法，不同的学习内容在教法上应该是不同的。即使是知识学习，也分为不同种类，教法上也应该不同。

（4）每一单元都有简单的诊断性测试，用于测量学生的进步（形成性评价）并确定每一个学生存在的特殊问题。对自己进步程度的了解将被作为一种强化反馈给学生（如果学生有正确的表现，紧接其后的表扬和鼓励也可以起到强化的作用）。这段话反映了行为理论的精髓，反馈强化的原则和方法在掌握学习中得以充分运用。

（5）根据从测试中得到的资料向学生提供补充性的教学指导，并帮助他们解决问题。也就是说，要采取补救措施以帮助学习者达到完全掌握。

以上给大家介绍了掌握学习，下面介绍一下第二种直导式教学方式——程序教学。程序教学是掌握学习的近亲，同样很完美地反映了行为理论的研究成果。

程序教学法最初来源于美国心理学家鲁莱西设计的一种自动教学的机器，当时他想利用这种机器把教师从教学的具体事务中解脱出来，帮助教师节省时间和精力。这种设想当时没有引起重视和推广。直到1945年，美国心理学家斯金纳重新提出，才引起心理学界和教育界人士的重视。

程序教学要解决的问题是，大班级授课制是"不人性"的，因为所有人学习同样的材料，而且按照统一进度进行学习。人性的理想状态应该是，根据学习者的差异性决定他们各自不同的材料和进度。学习困难的学生可能需要学习一些添加信息或者回顾一下背景知识，而学习进度快的学生则可以从额外增加的更高难度的材料中受益。

在具体学习程序上，程序教学会设计出一个又一个节点，在不同的节点上，都设计了分支。在某一节点上，如果学生选择错误，他的错误会被指出来；如果学生选择正确，就可以进入下一个节点，有一个更难的题目会等着他。

与掌握学习类似，强化是程序教学的核心因素。程序教学要求在学生做出积极反应后，教师（或机器）要立即给予反馈，让学生即时知道其反应是否"正确"，并给与学习者"及时确认"或"及时强化"。

目前，程序教学已被成功地用于英语、数学、统计、地理以及科学等各科教学之中，并且贯穿于从学前教育到高等教育的各级教学。程序教学技术也被应用于众多的行为训练中，如概念形成、机械学习、创造性培养和问题解决等。一些程序教学甚至通过使用归纳思维的方式引导学生去发现概念。随着互联网和人工智能技术的发展，程序教学会有非常持久的生命力。国内不少学校，尤其是学生学业基础比较差的学校，引入目标教学、堂堂清段段清、补缺补差等方法，大面积提高了考试成绩，行为理论功不可没。但是，学生相对比较厌学，也是直导式教学的副产品。

行为理论指导下的直导式教学，就介绍到这里。

认知理论与为理解而教

认知理论与行为理论的基本假设不同，导致它们对学习这一人类现象的解释也不同。认知理论认为人是与环境交互的，学习是一个主动建构心智的过程，是学习者将来自环境的新信息和记忆中已有的知识进行整合的过程，学习的过程就是"顿悟"，而经过检验的概括性顿悟就是所谓的理解。

下面要给大家讲解一下认知理论中的一个核心概念"理解"，理解了"理解"这个核心概念，有助于我们更好地理解认知理论及教学建议。有意思的是，"理解"恰恰是我们大多数人貌似理解却未必真正"理解"的一个概念。

教师常常在临近下课时问大家"你们懂了没有"，学生们异口同声地回答"懂了"。于是教师心满意足地离开教室，可是他们的家庭作业却做得很糟糕，下一堂课你质问他们，你们不是都说懂了吗？怎么都不会做，还错那么多！

当教师问学生"你们懂了没有"，学生回答"懂了"，其实他们中间有不少人并没有懂，那他们为什么会斩钉截铁地回答"懂了"呢？排除他们想早点下课的小心思，还有一种可能就是他们以为自己懂了。他们明明不懂可是为什么会以为自己懂了呢？主要问题在于人们往往把"知道了"当成"懂了"。

把知道当成理解（懂了），这是我们特别容易犯的错，布鲁姆曾经讲述了约翰·杜威的一个著名故事，杜威问全班学生："如果在地球上挖一个洞，你们会发现什么？"没有人回答，他又问了一遍，教室里还是一片沉默。教师打断杜威教授："你的问法不对。"她转向全班学生，问道："地心的状态是什么？"全班学生一致回答："岩浆。"

在这个故事中，学生们都"知道"地心的状态，可是他们之所以回答不了杜威的问题，是因为他们并不"理解"地球的结构。如果学生们真的理解的话，换一种问法，他们应该也能够回答。那么问题来了，为什么学生们学习了地心的知识，却不理解？是因为教师的教学只是告知了他们关于地心的知识，而且学生记住了这条知识，考试也通过了，可是他们其实并没有"弄懂"这条知识，换个问法问就卡壳了。

再追问一下，老师已经教过了，可学生们为什么没有"弄懂"？为什么没有"搞懂"？因为他们没有机会亲自"弄"一下"搞"一下，为了让他们弄懂和搞懂，教师应该提供机会让学生们自己探索、表现和反思，依照认知理论（建构主义）的说法，弄懂就是让学习者主动建构知识，而懂就是"弄"或"搞"的结果。

我们有时候会惊讶地对学生说，"你们怎么连这个都不会，以前你的老师是怎么教的？"以前的老师怎么教的？还不是仅仅将知识告了学生，他们知道了，却没有帮助他们理解！以前他们的老师可能"偷工减料"了。

针对学习者对知识缺乏理解的情况，美国学者大卫·珀金斯提出了一个著名的概念——"脆弱知识综合征"。大卫·珀金斯注意到有三种知识学习的结果，这些结果并不代表学习者理解了。

（1）惰性知识。惰性知识就是没有用的知识，除非考试，否则我们不会想到用它。

（2）幼稚知识。学生在学习后，他们的认识水平没有提高，比如说他们学了逻辑知识，可是思维水平还是老样子。

（3）模式化知识。学生机械地按照规定的步骤去做，却不知道为什么要这么做。

大量证据已经表明，学生在学校期间所获得的知识是脆弱的，很多学生并没有真正理解所学的知识，他们只是知道了这些知识。

什么是真正的理解？奥苏贝尔、布卢姆、威金斯、麦克泰等学者以及哈佛大学的"零点研究"项目对"理解"做了深入的研究之后，提出了有关理解的四个维度：

（1）能不能建立起知识间的联系。举个例子，我现在正在给大家介绍学习理论中的认知理论，介绍认知理论中的核心概念"理解"，你知道了什么是"理解"，可是知道了并不代表你理解了，你需要知道"理解"这个词与认知理论对学习的解释有关，还要知道认知理论在促进学习者理解方面的教学建议，以及如何测定学习者是否达成了理解，等等。你要编织起一个教学设计的知识网络，而且很清楚地知道"理解"在网络中的位置，你才算是理解了"理解"。

（2）能不能做出判断以及新的探索。通过学习，你可以对各种观点表现出理性的怀疑或建构新的知识。还是回到我们的学习中，这一讲我在讲述四大学习理论，我认为什么理论是科学的，以及为什么将认知理论作为我们教学设计的理论基础，你可以提出疑义，或者你从我的结论中获得启发，产生了自己的观点，这就叫作"懂了"。

（3）能不能运用知识。这一条很好理解，今天学了"什么是理解"，学了如何判断学习者是否达到了理解，你回到课堂，再也不轻信学生们所声称的"懂了"，而是运用检测方法去验证他们是否"真懂"，那就说明你理解了。

（4）能不能用多种形式表达出来。这是说你能用自己的方式把所学内容表达出来，你把这一讲的内容合起来，闭着眼睛再说一遍，能说清楚，说明你懂了。布卢姆也认为，"转译"是衡量是否理解的一条标准，"举例说明""用自己的话来说"是教师最常用的检验转译的有效方法。

从认知理论的角度看，学习就是顿悟（理解）的过程，那么教学就是要促进学习者理解，教学中教师把知识转告给学生，无法帮助他们理解，这样的教学是无效的。用最通俗的话来讲，理解就是学生们终于"弄——懂了"，换个词也行："搞——明白了"。那具体应该怎样"弄"和"搞"，这就要说到"指导发现式"和"探究式"教学了。

指导发现式和探究式教学

认知理论在很多观点上与行为理论相对立，行为理论认为学习就是可观察到的行为和反应，对此认知理论并不认同，因为这么理解学习，就是把人当成动物了。认知理论坚持认为，人是主动建构知识的，即便是简单的背单词，也要设法让学习者理解单词的"语境"，而不是一味地刺激、反应和强化。语言表达中的一词多义现象比比皆是，无论是中文还是英文。当我说"I'll give you a ring tomorrow"（明天我要给你一个ring）时，我到底是想说明天要给你一枚戒指，还是仅仅给你打一通电话而已？甚至一些微不足道的单词表示的意思也模棱两可。即使拉丁语对词格和词尾都有严格规定，歧义现象仍然不可避免地时有发生。所以，认知理论认为，脱离复杂的语言环境去死记硬背单词和句子，是学不好语言的。

下面言归正传，我们来看看指导发现式教学方式是如何反应"认知理论"观点的。认知理论认为要利用问题情境来推动学习，使学习者将来自外部的新信息和记忆中已有的知识进行整合，以促进对新信息的理解。指导发现式中包含"指导"和"发现"这两个动作，前一个动作的发出者是教师，后一个动作的发出者则是学生，这两个动作在教学中占多大比重呢？这没有定规，要根据学习者的情况进行调节，如果理解的困难较大，就要给学习者提供能帮助他们解决问题的"脚手架"，也就是说，指导发现式要给予学习者足够强大的教学支持，尤其是学习困难的学生。

现在，你能明白"指导发现式"与"直导式"的区别了吗？概括地说，指导发现式教学为学习者提供了尝试不同方法和出错的机会，允许学生从错误中自己学会，这里的学会是"理解"；而直导式是直接把结论给学生，直到他们掌握，这里的掌握是"行为变化"。

下面再来介绍一下探究式。探究的教学方式又称为"开放式"学习，给学习者提供的自主权最大。教师甚至不给学生任何指导，让学生自己做研究，教师的主要工作是提供资源，因此丰富的学习资源网络是探究式教学最重要的条件。与指导发现式一样，探究式的理论基础也是认知理论，即认知理论中的建构主义，认为学习者应该像成年人一样，进入真实世界去探索解决问题的方法，这样才能获得真正的理解。

我们了解了指导发现式和探究式这两种教学方式，接下来我们来比较一下它们的不同点。

先来说说指导发现式。

20 世纪 50 年代末，苏联成功发射了第一颗人造地球卫星，美国陷入了恐慌，他们认为美国的教育方式出问题了。在这个背景下，杰罗姆·布鲁纳在他的《教育过程》一书中提出，要让学生在教师的指导下，像科学家发现真理那样，通过自己的探索和学习，"发现"事物变化的因果关系及其内在联系，形成概念，获得原理。

布鲁纳在他的著作中具体阐述了发现式学习法的基本步骤：

（1）让学生确定"发现的目标"——问题。

（2）设计问题情境，给学生提供相应的"线索"资料，引导学生提出"假设"。

（3）指导学生寻求答案途径，开展探索与发现活动。

（4）指导学生对获得的答案进行评价和验证。

（5）使学生最终"发现"科学结论。

说完发现式，再来看看探究式。探究式也被称为"研究性学习"，学习者在教师指导下，从真实的自然、社会和生活中选择和确定专题进行研究，并在研究过程中主动地获取知识、应用知识、解决问题。

探究式教学方式的基本形式类似真实的科学研究，学习者模拟科学家的研究方法和过程，他们先要学习如何收集、处理和提取信息，然后要学习如何运用相关的知识来解决实际问题，而且研究过程中要让学生学会与人交流和合作，最后在得出研究结论后让学生学会如何表述和展示研究的结果。

现在，我们来小结一下，看看指导发现式和探究式到底有什么不同？

其一，教师的作用不同。前者重在指导，后者重在提供资源条件。

其二，知识的开放程度不同。在指导发现式中，虽然要让学习者自己去发现，可是答案其实已经有了。而在探究式中，课题是开放的，研究结论也没有定论，完全是教师和学生一起研究。

其三，学生自主程度不同。在探究式中学生自主性更大，他们要学会自主选题，自主选择研究方式，教师要充分发挥学习者在学习中的主体地位；而发现式虽然强调学生的主体性，但学习者的学习总体上是沿着老师事先精心铺设好的路线进行的，发现式是以结果为导向的。

其四，输出的成果不同。探究式输出的成果是"创新性"的，是所谓"远迁移"的；而发现式输出的成果是"理解性"的，"近迁移"的。

中央电视台有个著名的栏目《探索·发现》，以纪录片的手法，用"娱乐化"的方式讲述科学故事。请问，如果在课堂上放映《探索·发现》栏目，教师是用了接受式（讲授法）、直导式、指导发现式和探究式这四种方式中的哪一种？

答案是接受式。你可能会奇怪，明明是《探索·发现》，怎么就是被动接受？那是因为所有电视节目都是让观众被动接受的，即使是科学类和益智类的节目也是如此，这些节目都不能真正提高学习者的认知水平和探究能力。科学家对儿童益智类动画片节目进行了研究，比如《小小爱因斯坦》《芝麻街》《聪明宝贝》等，结论是看过这类节目的孩子在语言发展标准测试中的分数甚至比没有看过的孩子更低。迪斯尼公司发出公告，凡是在2004年6月5日到2009年9月4日之间买了《小小爱因斯坦》的录像带或者DVD的用户，可以收到原价退款。因为有证据表明，《小小爱因斯坦》是"教育性的，能提高孩子的智力"这样的宣传是虚假的，具有欺骗性的。

好了，关于认知理论（建构主义）指导下的发现式和探究式教学，我们就谈到这里。

本讲小结

这是我们学习教学设计的第一讲。教学设计说到底就是在做决策，决定使用何种（或多种）教学方式才能更好地达成教学目标。选项主要是直接教学：接受式（讲授法）和直导式；间接教学：指导发现式和探究式。

这一讲，我们还了解了四种教法背后的理论依据，讨论了吸收理论和讲授法的关系，行为理论和直导式的关系，认知理论和指导发现式、探究式的关系。

在对教法的讨论中，我们还了解到讲授法与灌输的区别，掌握学习与程序教学的共同之处，指导发现式与探究式的共同点和不同点。

总之，教法是多样的，好的教学就要灵活运用多种教法，以使教学效果好、效率高和富有吸引力。

思考题

总体上说，中西方的课堂教学存在差异，中国的课堂偏重直接教学，西方的课堂偏向间接教学。有人认为，我们应该要向西方学，而西方要向中国学。谈谈你的看法。

第二讲　教学目标叙写

导　语

教学设计的根本任务就是要做出一系列的教学决策。上一讲我们已经了解到教法的多样性，教学设计就要从这些教法中做选择。不存在所谓的最佳教法，只有最优的（最适合的）的教法。那么，如何衡量某种教法是否最优？首先要看你的教法是否有助于你实现教学目标。因此，这一讲就要和你聊教学目标的相关话题。

这一讲，你会了解什么是教学目标、教学目标的叙写、教学目标与课程目标的关系；更进一步，你将会了解到你的教学目标与学习内容的类型有关，知识、技能和情感态度这些学习内容领域与教学目标的关系，以及与教法的关系。

以学定教的"学"是很值得推敲的一个字，本书是讨论教学设计的普及读物，因此将以学定教中的"学"定义为学习目标（教学目标）。那要不要关注学习者的特点和他们的差异性？当然要关注，但是本书只关注那些可以被观察和测量的特点和差异性，那些无法或者很难被观察和测量的特点和差异性，也许也很重要，但不在我们讨论的范围内。因为如果"学"不能确定，"教"也就不能确定，何来"以学定教"呢？

教学目标的叙写

教学设计的逻辑起点是教学目标，教学设计是否成功，也要以教学目标是否达到为指标。在本书中，"教学目标"和"学习目标"这两个词是混用的，大家在使用这两个概念的时候也不必拘泥。

教学目标就是对学习者学习结果的心理预期，换句话说就是"你要的结果是什么"。为了把学习结果描述清楚，一般认为教学目标应包含四个基本要件：行为主体、行为动词、行为条件和表现程度。如"在与同学的交往中（条件），学生（主体）能复述（行为动词）他人的主要观点（表现程度）"。

撰写教学目标，难度最大的是"行为动词"的选择，因为"行为主体"总是"学生"，这毫无疑问；"行为条件"就是教学中所要使用的方法、手段、设施设备、资料、工具等，也容易确定；"表现程度"就是学生应该达到的标准，这也不难。如果大家能把"行为动词"写规范，这很能显示出专业水平。

为了写好行为动词，我们一般会参考杰罗姆·布鲁姆的目标分类学，虽然这套方法是上个世纪 50 年代的产物，但是经过时间的考验，被业界广泛认可。布鲁姆在他的分类学中提出六个水平的认知目标：知道（了解）、理解、应用、分析、综合、评价。下面我们来解读一下布鲁姆的这六个动词。

1. 知道

知道，意味着能够回忆起某些信息。这里要强调一下，凡是知道的，都应以词语的形式呈现，无论是口头还是书面。即根据学习者能否用这两种方式输出，判断他们是否"知道"。这也提示我们，如果学习者的词汇量不够，可以肯定他们不会知道的太多。有人说我也可以通过做手势和画图来表示。但是，其他方式都不如语言符号那么精确，所以人类文明是在语言文字被发明后才算真正开始的。也因此扫盲就是扫除文字盲。

"知道"这一目标，从输出方式上看，主要有说出、背出、识别、回忆、重复、重新表述、引用、命名、匹配等。

2. 理解

关于理解，我们已经讲过很多。当新信息成为学习者的一部分，说明理解了。理解一定是在知道之后的，但知道的未必理解。从知道到理解要经过加工过程。

从输出方式上看，理解层面上的能解释和阐述的主要行为表现是：描述特征、分类、解释、概述、表达、确定、举例说明、转化等。

3. 应用

应用层面所考虑的是，学习者如何将他对某事物的知识和理解应用于一个新的（或熟悉的）情况，目的是利用已打下的知识基础来应对和解决所遇到的问题。

应用与知识理解密切相关，如果对知识不理解，就无法迁移——被应用到新的情境中；一般我们将"应用"用来表述近迁移，将"运用"用来表述远迁移；而如果没有足够的机会去应用我们已经知道并理解的东西，我们就失去了在更大范围内了解和理解它的机会。

从输出方式上看，应用层面上的行为表现为：应用（运用）、计算、选择、编为戏剧、使用、实施、操作、表演、角色扮演、解决、建议等。

4. 分析

分析层面是指，我们能够将事物进行拆分，以显示其中的关系、动机、原因、联系和运行方式。

我想，大家对于"应用"在认知层面上要高于"知道"和"理解"不会有什么疑问的。可是"分析"为什么高于"应用"呢？那是因为，为了能够分析某个事物，我们需要有能力应用我们所知道和理解的内容。或者说，如果我们还不能应用，我们将很难有效地分析。

比如，你应用合作学习中的切块拼接法上了一堂语文课，上完课后，也就是"应用"了切块拼接法之后，就要审视这种方法在课堂中应用的情况，特别是要查看你对切块拼接法的应用与这种方法的实际要求之间的相似性和差异性，这个时候，你就在分析。也就是说，当我们关注应用的结果，那么我们就是在进行分析，这种分析包括审视我们所做的事情、它的影响，以及考虑我们的行为与结果的关系等。

不过，有时候使用分析，可以唤起先前通过应用形成的知识和理解。比如，让你分析切块拼接法在单元教学中的作用，你从未在单元教学中使用过切块拼接法，但是你依然能做出分析，是因为你曾经应用过切块拼接法，也曾实施过单元教学。可是，如果你从未应用过这些方法，甚至你头一次听说切块拼接法，也不理解什么是单元教学，那么要做出分析是绝无可能的。

麦克·格尔森在《如何在课堂中使用布卢姆教育目标分类法》一书中认为："从理解到分析的直接跳跃可能会很棘手，因为我们的理解程度可能会受到我们缺乏应用经验的限制。"作者给出的一个基本结论就是，有效分析的能力是基于我们之前对知识和理解的应用来实现的。

作者进而举例说：我们请一组学生来分析发动机的工作原理。要做到这一点，他们需要细致地检查发动机，观察部件是如何连接在一起的，观察不同部件是如何相互影响、相互作用的。如果学生缺少对发动机和发动机部件的知和理解，或者只知皮毛而达不到熟练掌握和应用这些知识的程度，这很难完成。学生或许能粗浅地描述一下发动机内的部件如何连接或但是如果对基本原理没有一定程度的掌握，他们很难对发动机的结构做出任何有实质意义的准确分析。

关于分析层面上的输出，主要行为表现为：分析、分类、比较、对比、区别、鉴别、辨别、检验、实验、探索、调查、提问、研究、测试等。

5. 综合

综合之所以排在认知水平的高位，是因为综合水平涉及创造新事物，或者对已存在的事物进行进一步的开发。为什么叫"综合"？因为这一层涉及多种不同的认知过程。

一个人要能够有所创造，就先要准确地"分析"某个事物的结构与组成，然后才能对它进行模仿并进而创新。你要能分析，必定要在应用之后，而应用是在获得了知识、理解之后。可见，综合能力有多么难得。

因为综合水平的活动总是包含着创造，而创造常常是不成功的居多，这就反过来促使学习者做"分析"，查找原因。举个例子，你学习了合作学习策略之后，发现切块拼接法一代和二代在中国课堂中的应用存在问题，于是通过"综合"，你创造出了切块拼接法三代，拿着你的创造成果应用到课堂中，你发现并不如你设想的那么有效，于是你不得不发问："为什么会失败，问题出在哪里？"接着你就开始进行"分析"，你拿着三代来和一代二代进行比较，你还翻出合作学习的因素来对照，你看，你对失败原因的分析又会加深你对合作学习的"理解"。所以说，在创新路上，没有一种失败是没有价值的。

综合水平上的输出，行为表现主要是：组合、构建、创造、发明、设计、制定、假设、整合、融合、组织、计划、提议、综合、联合等。

看到这些行为动词，现在你知道教学设计有多难吗？因为它显然属于综合这个层次，带有创造的特征，认知水平要高于分析、应用、理解和知道。如果你不知道、不理解、不能应用相关知识，那么你就不能分析，或者你连分析的机会都没有，更谈不上创造和设计。

6. 评价

评价之所以属于高水平认知，是因为要对事物做出准确的评价，必须建立在其他五个层次之上。比方说，郑杰上了一堂合作学习的公开课，使用了切块拼接法二代，你是评委老师，你想要点评我的课，必须有足够的专业资格：首先你要"知道"切块拼接法是合作学习中的一个经典策略，其次你要"理解"切块拼接法的适用范围和操作要领，再次你因为曾经"应用"过这种方法，因而能"分析"出这种方法的优劣及其本质，并且曾经在教学设计中创造性地使用过这种方法，形成了你对切块拼接法的独特理解。你只有预先达到这样的认知水平，才能在我上完课后给予我一个专业的评判意见。

评价层面上的输出，行为表现主要是：评价、论证、评估、批判、辩护、检查、评分、审查、判断、证明、排名、评级、评论、估值等。

关于教学目标的设定，尤其是行为动词的选择，就讲到这里。还要再次重申的是，学习目标确定后，改进不同的认知水平，才能找到与之匹配的教法，才能"以学定教"。比如说，你的目标是让学习者仅仅"知道"即可，那就采用接受式教学；如果需要学习者"理解"，那就采用直导式教学；要是让学生能"应用"知识，那至少要使用指导发现式教学；如果希望学习者表现出更高的认知水平，要他们"分析""综合"和"评价"，那么只要有条件，就要尽量使用探究式教学。这就叫作"以学习目标定教"。

为什么现在的教学改革非常强调发现式和探究式这些间接教学的方式？因为我们越来越意识到教学的目的主要不是使学习者成为一个"博学"的人，一个"四脚书柜"，教学的目的是要使学习者将所学知识迁移到真实场景中去解决复杂问题。

依据课程标准制定学习目标

有些教学目标是"知道"，有些教学目标是"理解"，而有些教学目标是"应用"，这由什么决定？在很大程度上，教学目标由各个学科的"课程标准"决定，它规定了学习者应该学什么以及学到什么程度，是你制定教学目标的依据。

什么是课程标准？课程标准是国家对课程的基本规范和要求，课程标准是国家基础教育课程质量的主要标志，它统领课程的管理、评价、督导与指导，具有一定的严肃性与正统性。《基础教育课程改革纲要（试行）》明确指出"国家课程标准是教材编写、教学、评估和考试命题的依据，是国家管理和评价课程的基础"。这句话说的是，学生学什么（教材），教师教什么，评价考什么，都只有一个标准，就是国家课程标准。

不过这里还是要提示一下，国家课程标准只是一个大纲，因为课程标准要统领全国各地的教育，不可能太过具体，这就需要教师将课程标准转换为清晰而明确的教学目标。这些年，课程改革主张"基于标准的教学"，非常强调要按课标来定目标。可是一门学科就那么一个课标，定义的内容很宽泛，这就给学校和教师留下较大的解读空间。

我们学习课标，一方面要"抠字眼"，另一方面要注重"大概念"。课标真正的价值是为教学提供了"大概念"，也就是说，我们在课程标准中要努力寻找大概念，而后将课程标准经由大概念落地到教学目标中。什么是大概念呢？先讲个故事吧。

宝宝回到家，妈妈问："宝宝今天学了什么？"

宝宝回答说："今天的生物课太有意思了！"

妈妈接着问："生物课，你学到了什么？那么有意思？"

宝宝说："我今天才知道蝴蝶原来是毛毛虫变的。"

妈妈说："哦！确实有意思。宝宝有没有想过我们可不可以见到毛毛虫就称它为蝴蝶呢？"

宝宝说："那可不行！"

妈妈又问："为什么不行呢？难道毛毛虫和蝴蝶是两个不同的物种吗？"

宝宝陷入了沉思。

妈妈接着问："我们把蚊子的幼虫叫孑孓；青蛙的幼体叫蝌蚪；苍蝇的幼虫叫蛆；蝴蝶的幼虫叫毛毛虫。他们为什么前半生是这个名字后半生又换名字了呢？可是人在童年时代被称为'人'，老了也还是称为'人'呢？"

好，这段对话我们先就此打住，来讨论一下什么是大概念。

宝宝在学校里学了什么？学的是蝴蝶发育的各个阶段，即卵、幼虫、蛹、成虫。实际上，卵、幼虫、蛹、成虫这些概念并不那么重要，因为你学了蝴蝶发育的各个阶段，这还不够，还有蚊子、苍蝇、蜜蜂、蚂蚁、蝉、蜻蜓，等等，你根本学不完。生物学真正要学的是"所有的生物都有一个由出生、生长、繁荣和死亡组成的生命周期，而毛毛虫只是蝴蝶这一特定有机体的生命周期"。我们把生物学上的"生命周期"称为大概念，而把"蝴蝶是毛毛虫变的"称为小概念。宝宝显然被小概念吸引了，而妈妈通过提问引导宝宝抬起头，看到了小概念之上的大概念。

一般情况下，大概念是基于学科的基本结构和方法的，它们不是具有简单具体答案的事实问题，而是指向具体知识背后的核心内容。如果我们设定的教学目标不能紧随学科大概念，就容易导致很多人都学习了类似"毛毛虫是蝴蝶的幼虫"这类的细节知识，却错过了学科所要传递的最重要的信息。

大概念的英文名是 Big Ideas（concepts），也有学者将其译为大观念。目前，关于大概念是什么，有一些普遍的说法，我们来一一讨论：

1. 大概念为任何研究提供一个可聚焦的概念"透镜"

我们已经知道，教学设计的最核心的理念就是"系统优化"，教学设计本质上是关于教学决策的一门学问，我们不具体研究某一种教法，而是研究不同的教法如何被有效使用，因此与一般的教育理论不同，我们这门课直接指向行动，因此"系统优化"就成了一个极其重要的概念。

"系统优化"这个概念在我们这门课里是不是像一个"透镜"？我们讨论了那些教学方式方法，按照"系统优化"的理念，哪一样都不是绝对好的，也没有最差的，所有方法都要拿到这个透镜下打量打量，在真实的教学场景中去考察是否"合适"。比如，讲授法经常被批评，可是在某些情况下，讲授法却是最优的；项目化学习很好，可未必最优；行为理论认为强化很好，可也不一定在任何情况下都适用。

你也可以在研读"课标"时，试着说出你所教的学科，有多少个这样的"透镜"呢？

2. 大概念呈现网络状

大概念并不是无序游离在学科结构中，而是呈现出网络状结构，每一个大概念都是完成网络结构间通信的基站。

还是拿这个教学设计系列讲座举例，我们知道认知理论（建构主义）是我们进行教学设计最重要的理论基础，建构主义中的"理解"和"迁移"显然是这门课的"大概念"。本书全部的讲座内容就是一个知识网络，而几乎所有方方面面的知识都是通过这两个"基站"联系起来。而且，"理解"和"迁移"

这两个大概念，也正是通过与其他概念（包括多个事实、技能和经验）的关联和组织，而拓展了广度，挖掘出了深度。

3. 大概念是指向学科中专家理解的核心概念

这一条好理解，在写作课方面的专家看来，核心概念就是"作者是如何抓住读者的"；在足球运动方面的专家看来，核心概念是"创造防守的空间以创造进攻机会"；在科学和数学方面的专家看来，核心概念就是"减少观察和测量中的误差"。

一些学科中的核心概念有资格升级为大概念，但并非全部。我们讲座中"对学习者实施外部奖赏"这一知识显然是一个专家理解的核心概念，但是那是行为理论的关注点，不会上升为我们这门课的大概念。

4. 大概念是需要"揭示"的

在《追求理解的教学设计》一书中，作者提出"揭示"这个词语，认为有些新信息"因为它的意义或价值对于学习者来说是很不明显的，是违反直觉的，或者是容易产生误解的"，因此需要"揭示"。

比如，"解答问题"和"解决问题"，这两个"问题"有很大的不同，特别容易混淆，需要"揭示"，于是它们成为我们这门课的大概念。

5. 大概念有极大的迁移价值

大概念随着时间的推移能被应用于许多其他的探究和问题——跨学科课程（平行方面）和同一学科多年以后的课程（垂直方面），以及学校以外的情境。

比如说健康课可以提出一个问题，"疫情期间有专家提出'小孩子早上不能喝粥'，结果上百万人骂这个专家'崇洋媚外'，请问骂的对不对"。对这个问题的讨论，将引导学生探讨一个大概念"什么是营养"。对学生来说，知道早上该不该喝粥不重要，重要的是掌握"什么是营养"这个可以迁移的大概念。

再比如说我们这门课的大概念之一是"精细编码"，一旦被我们牢固掌握，不仅可以在课堂教学中应用，在日常生活中尤其是在与他人对话和"说服他人"的活动中，也能起到意想不到的作用。

6. 大概念呈现可持久性

爱因斯坦有句名言：教育就是当一个人把在学校所学全部忘光之后剩下的东西。什么是剩下的东西？恐怕学生会忘记那些事实性的知识，以及大部分的概念和原理，剩下的应该是大概念。大概念不是暂时保存的记忆，大概念具有可持久性，是经验和事实消失之后还存留的核心概念。大概念之所以可以长久留存，是因为大概念往往能用于解释学生在学校学习时和毕业以后的生活中遇到的物体、事件和现象，并贯穿学生的一生。

回到教学设计上，教学面临的一些问题也会是永远存在的，并且伴有很强的争议性。比如说，教学中"竞争"和"合作"哪个更为重要？语文学科到底是"工具"还是"文化载体"？考试成绩和核心素养哪个更重要？学习者的自主性到底可靠不可靠？按能力编班是不是因材施教？什么是公平的教育？这些问题是永恒的而答案总是暂时的，因此找到答案本身不是目的。对这类问题的反思和体会能加深我们对教学活动的理解，好的教育植根于对这些问题的无穷无尽的追问之中。我希望我们这门课给大家剩下一个大概念就是"专业发展取决于清醒的自我觉知"，并贯穿于你的职业生涯始终。

在《追求理解的教学设计》一书中，作者认为"大概念可以以各种形式体现——一个词、一个短语、一个句子或者一个问题"。书中给我们举出了一些大概念，给大家做参考：

· 主题（例如：正义总是能战胜邪恶、成年、西部开发）；

· 有争议的结论或观点（例如：先天和后天、保守派与自由派、可接受误差幅度）；

· 反论（例如：自由必须有节制、离开家寻找自我、虚数）；

· 理论（例如：经过自然选择的进化论、宿命、解释明显的随机分形）；

· 基本假设（例如：文本是有意义的、市场是理性的、简约的科学解释）；

· 反复出现的问题（例如：这公平吗？你怎么知道？我们能证明它吗？）；

·理解或原则（例如：形式追随功能、读者需要带着疑问来理解内容、相关性并不能确保因果性）。

学习内容对教学目标的内在规定

我们已经了解了教学目标与课程标准的关系，知道教学目标的叙写要依据课程标准，以及依据课程标准所传递给我们的极其重要的信息：大概念。下面我们进一步探讨学习内容的类型与教学目标的关系。

教学目标的叙写与所教内容密切相关，学习者的学习内容其实内在规定了教学目标的设定，并进而影响到教法的选择。教学目标是建立在学习内容基础上的，并且受制于内容，教学内容不清晰，教学目标也写不好。比如说，我设定一个目标"学生能理解光合作用的含义"，这个目标就包含着"光合作用"这个学习内容，"光合作用"这个学习内容规定了教学目标只能是"理解"。

学校一般都会要求教师认真研读教材，分析学习内容的重点难点，而后根据学习内容和课程标准确定教学目标。既然学习内容这么重要，那么学习内容有哪些呢？对于学习内容，按照性质来分的话，一般可分为知识、技能和情感（态度）这三个领域。下面我们来具体谈谈这三个领域的内容，以及这些内容与教学目标的关系。

1. 知识

什么是知识？知识是指贮存在学习者头脑中的信息，也就是我们"知道"的那些事物或事情。比如，通过这十一讲的学习，我们知道了学习的规律，知道了教学设计的原理和方法，你把这些信息都贮存在头脑中，这些信息就是知识。这里我要强调一下，写在书本上的或者存在语音节目里的那些信息，都不能被称为知识，只有这些信息钻到你的脑海里，变成你头脑里的一部分，这才是知识。知识不是在天上飘着的东西，知识并不外在于你的头脑而独立存在。人类认识到知识是每个人用自己的头脑来建构的，这是一个认识上的巨大革命，导致现代教学方式与传统的灌输式的教学彻底分开。

那么，知识有哪些呢？知识分类学说有不少，这里提供给大家的是美国当代著名教学设计理论家罗米索斯基的分类，他认为，知识可以分为"事实性知识"和"概念性知识"。

再细分的话，事实性知识主要包括两类：

（1）事实。知道物体、事件、人或名称的信息。

（2）程序。知道在一个特定的情境中做什么。

概念性知识主要包括两类：

（1）概念。知道对某一特定事例所下的定义。

（2）原理。知道解释或预测某些现象的规则和原理。

按照罗米索斯基的分类法，就可以把知识分为四种：事实、程序、概念和原理。这么分类对教学目标叙写有什么帮助呢？

一般来说，对于事实性知识中的"事实"，教学目标设定在"知道"层次上，比如说，"新冠病毒在 2020 年初爆发"，这是一条事实性知识，"知道"即可；事实性知识中的"程序"，不仅要"知道"，而且最好还能通过练习达到"应用"水平，比如"新冠病毒疫情下如何洗手"，这是一条程序知识，知道了还要应用；概念性知识是那些需要"理解"的知识，比如"什么是病毒"，这是一个概念，需要正确理解；而"新冠病毒是如何传播的"，这是一个"原理"，对于原理，光理解还不够，还要能"应用"，因为学习某种原理，应着眼于"迁移"，要将知识转化为能力。

2.技能

我们习惯将技能与知识摆在一起说，合起来称为"双基"，即基础知识和基本技能。之所以称为"基础"或"基本"，是强调能力、素养的培养离不开这个"基"，因为中小学教育又被称为"基础教育"，强调"筑基"也是理所当然的。一些人认为中国教育基础扎实，说的也是这个双基。

知识和技能常常摆在一起，还有个原因是知识和技能两者紧密相连。你想学某项技能，一定要先知道某些知识，比如学游泳这项技能，教师一定要先讲讲动作要领之类的知识，尤其是事实性知识中的"程序"知识，然后再开始练习；而你要学习某些知识，也应具备听和读的技能，否则也学不好知识。

什么是技能呢？简单地说，技能是指个体做出的动作和反应。我们一般把技能分为三类：动作技能，这是看得见摸得着的容易观察到的技能；认知技能，这是看不见摸不着的难以观察到的技能，比如逻辑思维、解题、写作之类的动作和反应；还有第三类，是交互技能或者称为人际技能，也就是建立和维持良好关系的技能，这类技能是综合性很强的技能，既有清晰的可被观察到的动作和反应，也有不容易被观察到的一面。

根据技能的具体内容，我们来确定技能目标。一般技能类的目标是这么写的：

（1）模仿——模拟、重复、再现、例证、临摹、类推、扩展等。

（2）独立操作——完成、制定、解决、绘制、安装、尝试等。

（3）迁移——联系、转换、灵活运用、举一反三、触类旁通等。

3. 情感

什么是情感。笼统地说，那些智力或认知以外的人类活动都属于"情感"，用我们教育界的行话来说就是"非智力因素"。对于情感的种类，我们最熟悉的就是三维目标中的情感、态度和价值观了。情感领域的目标是教育目标的重要组成部分，但十分复杂，难以精确界定，而且目前还没有被大家所公认的解释，所以我国课程方案中虽然提到了情感、态度和价值观，可是争议比较大，操作上也比较困难。

三维目标中的情感目标，内容十分丰富，同样举不胜举。比如"情感"，不仅指学习热情和学习兴趣，还包括爱、快乐、审美情趣等丰富的内心体验；"态度"不仅指学习态度，还包括乐观的生活态度、求实的科学态度、宽容的人生态度等；"价值观"作为一个更为宽泛和抽象的概念，内容就更多了，你看社会主义核心价值观就有十二个，这仅仅是"核心"价值观，还有非核心的社会主义价值观，那就又不胜枚举了。

从横向上看，情感、态度和价值观这三个要素具有相对独立性，它们描述了人的情感领域的完整画面。从纵向上看，这三个要素具有层次递进性，它们构成了一个由低级到高级的情感发展连续体，最底层的是"情感"，然后提升到"态度"，最后才能到达"价值观"。

情感、态度和价值观，分别对应着以下三个水平，"情感"对应着"感觉"水平，完全没有认知的成分；"态度"对应着"认同"水平，需要一定的认知水平；"价值观"对应着"内化"水平，认知水平相应的更高了。"一朝被蛇咬，十年怕井绳"，是纯粹的感性认识，属于情感层面；认同"井绳有害"，属于态度层面；心中坚信"井绳是个坏东西"，则属于价值观层面了。

关于学习内容（知识、技能和情感）对教学目标的内在规定性就讲到这里。你要知道，教学是有内容的，不同的教学内容（学习内容）会有不同的教学目标，进而不同的教学内容也就影响到教法的选择，教知识、技能和情感，显然不能用同样的方法。本书讨论的教学设计，将主要集中在内容最为丰富的知识领域。

本讲小结

这一讲我们讨论以学定教，本书的观点是应以教学目标来定教法。那么，教学目标又是由什么决定的呢？

教学目标首先要依据课程标准，课程标准对教学目标的设定起到了外部的规定性，而课程标准对教学目标定义得很宽泛，因此研读课程标准的重点在于"大概念"；教学内容对教学目标的设定起到内部的限定作用。正是课程标准和教学内容的类型共同锁定了教学目标。

教学目标的叙写是个技术难点，尤其是行为动词的选择，需要大家学好布鲁姆的认知目标体系，一定要下点苦功才行，把常用的行为动词背下来很有必要。

思考题

教学目标是否应该根据学习者的现有水平进行调整呢？比如说，学生基础很差，该不该调低目标？学生很优秀，该不该调高目标？

第三讲　教学过程设计

导　语

一份教学设计中，主要部分就是对教学过程的设计，良好的教学过程才能支持教学目标的达成。

什么样的教学过程是"良好"的呢？用一句话概括，良好的教学过程应该与学习者的学习过程同一。这句话的核心思想是：教师的教是为学生的学服务的；教学过程应该反应学习过程；教学过程越是能契合学习过程，就越是"良好"的。

那么，下一个问题是，学习过程应该是怎样的过程呢？这就要寻求认知科学的解释。信息加工理论认为，学习就是这样的一个过程：新信息进入感觉记忆，经过工作记忆的加工和编码后，进入长时记忆，而后在需要的时候能被提取。这个过程中的关键在于加工和编码，使学习者获得了知识的"深层结构"。

根据信息加工理论对学习过程的解释，本书提出了一个教学的五阶段流程：预备—输入—加工—输出—反思。

从经验到科学

如果有个学生家长问你，我的孩子怎么一点都不想学习？请问你该如何回答？如果你的回答是，是的啊，一点都不努力，是要好好抓一抓。要是你这么说话，家长肯定不能满意，等于什么也没说呀！现在我们换一个场景，医院里，你对医生说，我最近胃口很差，医生你是专家，你说该怎么办？医生要是回答你，是的啊，吃饭很重要，你要努力加油哦！我想你一定要崩溃了。作为专业人士，医生是这么做的，先体检，查一下你的肠胃系统，然后寻找治疗方案。

教师与医生这两个职业有很多差异，但背后的专业逻辑是一样的，那就是找到原因再想对策，要是原因没找对，那么对策多半是错的。

我们应该怎么找原因？那就要理论来帮忙了。之前我们已经讨论过，理论是干什么的？理论提供了一个解释性框架，用于解释现状背后的规律性的东西，你掌握了这套框架，按照这个框架所提供的概念和标准，就能查找问题，指导行动。现在我们回到教学上来，如何保证你的教学设计是最优的，前提是要保证你所依据的学习理论是对的。那么问题来了，怎么判断理论是对的呢？衡量理论对不对，一个基本的标准就是这个理论是否科学，要是某个理论不科学，我们的教学设计就不能盲目采信。那怎么判断是否科学呢？

我们先来看个例子吧！

婴儿们奉行一条理论：哭！只要一哭，什么都有了，要吃有吃，要玩有玩。如果婴儿们可以开一个理论研讨会的话，他们一定会把这条经验拿出来供全世界的婴儿分享。你看，婴儿的"哭闹理论"哪里来的？是归纳出来的，是从一次又一次哭闹的行动中总结出来的"成功经验"，而且屡试不爽。那婴儿的这个理论科学吗？答案是不科学。为什么不科学？因为婴儿的这条理论是归纳出来的，而归纳方法本身是有漏洞的。

哲学家罗素曾经讲过一个批评归纳法的例子：一只火鸡，主人每天早上九点准时喂它，天长日久，火鸡总结出一条规律——每天早上九点就会有人来给我提供食物。但是，某一天的九点，主人不仅没有来喂它，反而拎着一把刀把它给宰了。为什么？因为感恩节到了，大家要吃火鸡。这个例子就形象地说明了，通过总结事实进行归纳推理，并由此来建立一套科学理论，从逻辑上来讲是不严谨的。婴儿哭闹的方法在家里很管用，可只要一出家门就是错的，出了家门离开宠爱他的父母，谁还会理他？所以，归纳法无法穷尽所有情况，用归纳法总结出来的经验，大家一定要警惕。

再举个例子，某天你把某个差生当众狠狠地骂了一通，结果他的考试成绩进步了；后来又有一名差生，你也把他骂了一通，结果他也进步了。于是你归纳出一条理论"骂人这种方法会使学生进步"，然后你用这条理论来指导实践，指导你的教学设计，怎么会靠谱呢？有个教授写文章说，自己从小被父母打骂，现在不照样是复旦教授？堂堂大学教授居然用个人经验来影响广大父母的教育方法，这是教授的悲哀。

我们把通过对事实进行归纳总结之后得到的理论称为经验。人们经常要开各种经验总结会，大家彼此之间交流的经验都很宝贵，但是别人的经验往往不能直接拿来用，因为经验要上升到规律才能有效指导我们的行动，即只有上升到规律层次的经验才是科学的。企业界有一条著名的定律"库伯学习圈"，创立者库伯认为，完整的学习是"行动—经验—规律—行动"的四步大循环，如果不能从经验升华到规律，就缺一环，成了"行动—经验—行动"的"经验主义"小循环，行动的有效性就会很低。

归纳法靠不住，那究竟什么才科学？这里要介绍一下"否证主义"科学观。否证主义科学观认为，如果一个东西是科学的话，那它一定是可以检验的，并且有可能被证明是错的，所以否证主义又称证伪主义。

举个例子，古希腊的哲学家亚里士多德根据他的个人经验认为，不同重量的物体，在下落的时候速度不同，重的东西下落得快，轻的东西下落得慢。伽利略认为亚里士多德说的不对，东西不管轻重，都下落得一样快。谁对谁错，到比萨斜塔上做个实验就行啦！

再举个例子，爱因斯坦提出广义相对论，认为光线经过大质量物体的时候，比如经过太阳附近的时候，会发生弯曲。后来果然有科学家通过实验证明了光线的确会发生弯曲。于是广义相对论就成为了科学理论，因为它是可以检验的，并且有可能被证明是错的。为什么说星相学不是科学？那是因为如果一套理论不能被证伪，怎么说都对，那就不是科学。你今天运气好，星相学有一套解释，运气不好，它也有一套解释，反正无论怎么样，它都是对的。再比如阴阳八卦，也是同样的道理，绕来绕去，什么都能解释，永远正确。为什么弗洛伊德的心理学不被心理学界认可？因为在否证主义看来，弗洛伊德的那套理论什么都能解释，而什么都能解释的理论，就什么也解释不了。

总之，一套不能被检验的理论，就没有什么价值。一套不可能出错的理论，就是伪科学。换句话说，一切可以被称为科学的，都在等待被证伪。任何科学理论，都是有可能被证伪的。从这个意义上来说，任何一个理论都不能说自己是绝对真理，即使是牛顿的经典力学这样伟大的理论，最后也被证明是有适用条件的。但是，不能因为任何科学理论都不是绝对正确的，我们就不要科学理论了。

我们讨论教学设计，当然要依据科学理论，虽然科学理论也可能是错的，但至少可以被证伪。总之，科学解释不了的，我们依靠经验，经验也不够，我们才讲情怀和信仰。

学习的奥秘

我们已经知道好的教学设计要讲科学。科学，尤其是认知科学揭示了学习的奥秘。所谓的要尊重规律，就是要尊重科学的研究成果，特别是要将最新的研究成果运用在教学设计中。下面我们来探讨几条有关学习的科学原理，看看对我们的教学设计有什么启发。

1. 为什么学习必须有意义

为什么有些信息能够被记住，有些信息却忘得很快呢？怎么才能保持持久的记忆？结论是，记忆是思考的残留物，有意义的思考是能够保证知识被记住的最重要因素。这是为什么呢？因为人脑的存储空间其实是很有限的。既然不能储存所有的东西，那么该如何取舍呢？大脑是这样想的：如果你不经常思考一件事，那你可能就不再需要它了，所以可以丢弃了；如果你总是在想某件事，以后你可能还会从同一个角度去思考它，因此，这件事是有必要留下来的。这么说来，思考的过程，就是加强记忆的最佳过程。脑科学研究证实，人类大脑中用来学习和记忆的核心部位有三个：内嗅皮层、海马体和新皮层。内嗅皮层负责过滤涌入大脑的海量信息；海马体负责组合这些信息来构建新记忆；新信息被打上"记忆"的标记后，就会存储到新皮层上。

人们发现，故事（案例）比枯燥的理论更便于记忆，因为故事最接近人类解释世界最早的思考方式。心理学家的研究进一步发现，最佳的故事应该是：定义出一个清晰的问题，制造困境和冲突，然后想办法解决这个困境。这一研究结论告诉我们，有发现问题、解决问题的思考过程，得出的答案才会有意义，学习才会更有效。

2. 为什么会有理解困难

心理学研究发现，人类的学习模式是利用已知的事物来理解未知的事物，也就是说我们都是通过联系已知的概念来理解新的概念。比如学习外语，我们会不自觉地把外语词汇自动翻译成中文，然后来理解它的意思。从这个意义上说，理解的实质其实就是记忆。没有人可以把新的概念直接灌输给学生，也没有任何人能够接受这种直接灌输。

那么，为什么会有理解困难呢？科学的解释就是，你在学习新知识时，大脑先要调出与这些新知识相关的原有知识，再重新进行排列组合，把新的概念与原有的知识体系相融合，这个过程很复杂，特别消耗大脑能量，很容易让大脑陷入超负荷状态。因为特别消耗能量，大脑出于本能就会对新知识抱有抗拒的态度，所以往往导致对新知识的理解很肤浅，一知半解，甚至不懂装懂，或者根本就是有意无意地误解新知识。

老年人为什么很难改变，心理学家通过实验研究发现，年纪越大，越会导致他们忽视那些有悖于自己既有认知的迹象，因而变得过于固守陈规。而且，人体供养量与大脑活动有关，老年人的大脑供血相对比年轻人更匮乏，因此大脑中的能量不足以承担超负荷状态。

3. 为什么有些人很有创造力

创造力太重要了，甚至与国家竞争力有关，以至于世界上各个国家都把创造力作为核心素养。创造力是我们产生新的想法、发现并创造新事物的能力，可是创造力是怎么培养起来的？

创造力是后天培养的吗？哈佛大学的一项新研究表明，创造力与大脑结构联系紧密，创造力强的人，他们的大脑更加善于调动不同脑区神经网络的协同运作。也就是说，创造力主要源于大脑的结构，而大脑结构主要由遗传决定。不过研究者认为这不代表后天的努力就是徒劳的，有关创造力后天的延展性，还有待进一步的研究。

那么，后天的因素有哪些能激发创造力呢？一些研究结论显然与我们的常识不符。

一个出乎我们意料的答案是金钱。如果你想要激发学习者或者员工创造性地解决一个新问题或者提出一个新办法，直接发奖金更有效还是表扬他们更有效呢？伊利诺伊大学的一项最新研究发现，在激发创造性思维时，金钱会比表扬获奖者的聪明才智、获得大家的认可更有效。研究的领导者拉维·迈赫特说："重视创造力的人注重的是那些奇异的'超出常规'的事物。所以，他们不太可能关心他人的认同，或者在同事中寻找归属感。现金奖励会让我们专注于手头的任务，而社会认同奖励却会扼杀创造力，因为它会让我们产生从众心理，避免做出头鸟，会让你选择折中，而不是勇于突破边缘。"

创造力还与"混乱"状态有关。蒂姆·哈福德在他的《混乱》一书中说，我们经常屈服于整齐思维的诱惑，但其实一定程度的混乱能够激发我们的创造力，有时候整齐才是我们最大的敌人，混乱反而能让我们获得自由。美国记者格林菲尔德说："爱因斯坦、亚历山大·弗莱明、林肯都是邋遢鬼。但他们给了我们相对论、青霉素和美利坚。"哈福德强调，为了保护我们的创造力，"在面对混乱的世界时，我们应该抵抗我们厌恶混乱的本能"。

充足的睡眠可以在一定程度上提升我们创造性解决问题的能力。我们总认为那些有创造力的人总是夜以继日的工作，不吃饭也不睡觉，可是这个看法是错误的。卡迪夫大学的神经学家潘妮·刘易斯和她的同事们的研究解释了睡眠和创造力之间的联系。他们建议，如果你正在处理一个难题，那么你需要足够的睡眠时间，而不要在匆忙中急着动手。

专家与一般人哪里不同

专家为什么特别能解决问题？什么样的人可以被称为专家？我们把那些能"手到病除"的医生称为专家，他们能迅速从头脑中提取知识，精准地解决问题。有一种极其小众的职业"雌雄鉴定师"，他们也是专家，他们的工作就是辨认刚出生的小鸡是雌性还是雄性。由于鸡的生殖器长在体内，从外部不易辨别，这就要请专业的鉴定师来下判断。鉴定师到了现场，立马就能从一堆小鸡中辨别出哪些是雌性哪些是雄性的，他们是怎么做到的？

我们来听听认知理论中的"信息加工"理论是怎么解释人类学习的，看看专家是如何在学习中练就一身"真功夫"的。

假如有一天你来到上海旅游观光，眼睛看到高楼大厦、灯红酒绿，耳朵听到爵士乐，鼻子闻到南翔小笼包的肉香，这些信息会首先进入你的"感知记忆"，所有从视觉、听觉、触觉等感受器官接收来的信息都会被临时集中在这里。储存在"感知记忆"中的信息，它们存在的时间非常短，一般只有不到一秒的时间。除非这些信息被你额外注意到了。

你头一次到上海，扑面而来的都是陌生信息，这些信息中有一些被你额外注意到了，而大多数信息你是"视而不见"的，就像女人逛街和男人逛街，看到的风景是不一样的。注意力是有选择性的，一些被选上的信息会从"感知记忆"进入到下一个环节，也就是"工作记忆"中。

"工作记忆"又被称为"短时记忆"，是我们大脑加工和处理信息的核心环节，人类学习的奥秘主要就在此！

工作记忆那么重要，可工作记忆在大脑中的哪个部位呢？

脑科学家们一直在寻找工作记忆能力到底是由大脑中的哪些区域实现的。幸好技术进步了，现在有磁共振成像扫描仪可以直接查看大脑不同部位的工作情况。如果大脑某个区域被激活，在磁共振扫描仪上，这个区域就会被"点亮"。在磁共振扫描仪的助力下，加利福尼亚大学伯克利分校的克雷顿·柯蒂斯和马克·德斯波西托发现，进行工作记忆时，大脑中叫作顶叶、额上回和额中回的三个脑区出现了强烈的活动。这说明，负责工作记忆的是大脑中的三个局部区域，要是这三个脑区受损或者发育不良，会严重影响工作记忆能力，导致学习障碍。

现在请你想象一下，把"工作记忆"当成一个托盘，这个比喻很形象，便于我们理解工作记忆里发生的一切。

假定你注意到了上海的高楼大厦、爵士乐和小笼包，这就等于把这些东西放到了"托盘"上。请大家注意，托盘的面积不是无限大的，它只是一个临时性的信息缓存库，一般只能有五到九个信息模块的空间。你把高楼大厦、爵士乐、小笼包这些信息放到托盘上，就意味着别的信息就放不下了，只能撤下去。

放到托盘上的信息，等待它们的有两种命运：一是消失，如果你对高楼大厦和爵士乐这两个信息不做任何加工处理，那它们就会从工作记忆中消失。二是离开，离开这个托盘，进入另一个地方，这个地方是"长时记忆"。长时记忆又称长期记忆，信息在这里保留的时间很长，长到可以终身难忘。而且，长时记忆的容量大，大到不可想象。神经科学家一般认为，人脑的数据存储量应当介于 10TB—100TB 之间。

因为你饿了，唯独对小笼包印象深刻，小笼包的信息就被转移到长时记忆中永久保存。等到你回老家，家乡人民问你对上海有什么观感，你就从长时记忆中调出小笼包的信息，告诉家乡父老上海没什么好，不过小笼包还不错。

小笼包的信息可不是那么容易就进入长时记忆的，小笼包在工作记忆这个托盘上，必须经历一个被加工处理的过程，才会领到通往长时记忆的通行证，被你永久记忆。那么，加工处理是一个怎样的过程呢？

小笼包的信息被放到了托盘上之后，你想弄明白这到底是个什么东西，于是原本储存在大脑长时记忆中的你家乡的大包子的信息被激活了，大包子的信息被激活后，也会被放到托盘上。请大家再次注意，托盘上只有五到九个信息模块的空间，你的托盘上本来就有高楼大厦、爵士乐和小笼包，已经占据了不少空间，从长时记忆中激活的信息也被放到托盘上，此时的托盘太拥挤了，会妨碍加工处理的过程。

现在的托盘上有大包子，这是你已有的知识，还有新来的小笼包的信息，于是这两样东西进行融合，你明白了，原来小笼包就是小号的大包子。你看，你是用你头脑中的原有的知识来理解新信息的。一旦你理解了什么是小笼包，小笼包这个信息就拿到通行证，被转移到了长时记忆中，成为你的一条知识，永久收藏，等待哪一天被提取。

托盘上发生的故事告诉我们一个道理，外部输入的信息，只有被理解才能进入长时记忆，而理解的过程就是原有知识与新信息融合的过程，也就是对新信息进行重新编码的过程。

可是，你对小笼包的理解是正确的吗？小笼包就是小号的大包子吗？因为在托盘上，让新旧知识进行融合的这个过程特别消耗能量，所以人们为了节约能量往往容易对新信息做出"臆想性"的判断，"小笼包不就是……"于是，我们就要想尽各种办法防止对知识产生误解。

我们用自己原有的知识来理解新信息，这就容易出现偏差，很容易只学到了表面知识而不是关于某个知识的"深层结构"。我们在地理课上早就学过"地球是围绕着太阳转的"，可是未必真的接受和理解这个新知。因为你每天看到的都是太阳升起落下，日常经验显然会妨碍正确理解。如果你认为"小笼包就是小号的大包子"说明你学到的是表面知识，而不是小笼包的"深层结构"，你还没有真正理解小笼包。一开始学习某一新知识时，限于托盘的有限空间，人们总是用一个熟悉的例子来理解新概念，这种理解多半会存在偏差，只能学到表面知识，这一点都不奇怪。但是，如果你通过大量的实例，从各个不同的角度有所体会，理解也就会更加深入。

现在让我们回到"雌雄鉴定师"，他们是专家，他们是如何鉴定小鸡雌雄的呢？当他们看到小鸡，与一般人不同，他们能迅速提取长时记忆中的关于小鸡性别的知识，把这一知识放到工作记忆这个托盘上，同时，把一只又一只小鸡的信息挨个放到托盘上，就这么进行比较，然后做出判断。为什么鉴定师做出的判断又快又准确？或者说为什么专家总是能又快又准确地对事物的性质或价值做出判断？因为专家们储存在长时记忆中的知识是正确的和精确的，他们掌握的是知识的"深层结构"，而不是"表面知识"。

能把小鸡性别的知识背出来是记忆力强，能判断小鸡的雌雄是能力强，我们夸专家能力强而不是记忆力强是因为专家真正理解了关于小鸡性别的知识。什么是小笼包的专家？给出一堆包子，大大小小五花八门样样有，你能一眼就鉴别出哪个是南翔小笼包，你就是专家。

有人常常批评我们的教育不能培养学习者的能力，于是开设了很多能力培养的课，比如创客、项目学习等，这都很好，但是问题的根子其实不在于输出什么。教学的关键在于帮助学习者理解，帮助他们形成知识的"深层结构"，只要形成"深层结构"，输出就不是太大的问题。

以上两个部分给大家介绍了一些学习原理，尤其给大家解释了专家成为专家的原因。根据信息加工理论，专家成为专家的关键原因是他们形成了知识的"深层结构"。

这里要重申的是，凡科学的都是等待被证伪的。为什么要不断学习？因为知识是在不断刷新的。关于学习规律的知识在不断刷新，而我们的教学设计却不刷新，这是很可怕的。

教学的过程就是学习的过程

以上给大家介绍了一些教学的原理性知识，尤其讲到信息加工理论的观点：新信息经由感觉记忆加入工作记忆，最终进入长时记忆而成为知识。根据这个原理，就有了与之相配套的三种基本学习过程，分别是选择、组织和整合。

（1）选择（selecting）。当学习者通过眼睛和耳朵等感觉器官对进入的信息予以注意时，实际上就是在做"选择"，选择打算要进一步加工的信息。

（2）组织（organizing）。新信息被学习者"组织"起来，原本零碎的信息成为有内在联系的整体。在工作记忆中，学习者要做的是将已经选择的信息组织成一个有内在联系的整体。

（3）整合（integrating）。在工作记忆中，那些经过组织的信息，与从长时记忆中提取出来的已有知识之间建立起一种外部的联系，于是新信息就会被编码，永久保留在了长时记忆中。新信息和你头脑中原有的知识融合，这是学习过程中的关键性环节，因为这会促进学习者对新信息的"理解"。

根据以上三个学习的基本过程，本书给大家推介的教学流程是把课堂教学过程分为五个阶段，分别是：预备—输入—加工—输出—反思。这个流程采用了认知理论中"信息加工"对学习的解释框架，汲取了行为理论的有效因素，并试图在多个方面达到平衡，尤其是学习者和教师间的平衡关系。这个流程在加工、输出、反馈这三个环节上，充分体现了知识建构的思想，而其中最为关键的环节是加工。加工的目的是要完成一个编码的过程，以达成对新信息的理解，即将新输入的内容与原有的认知进行有效整合，使学习者建构起了自己的认知；如果学习者缺乏"理解"，就无法"输出"，无法将所学的内容迁移到真实的问题场景中。

在之后的学习中，我们会将这五个环节一个一个拿出来研究，以下是我们在第四讲至第十讲中将要学到的。

（1）预备阶段。这一阶段的主要任务是，提供良好环境，激发学习动机。相关内容请参考第四讲"学习前的准备"。

（2）输入阶段。这一阶段的主要任务是，引发学生注意，激活原有知识，输入经过组织的新信息，控制工作记忆的负荷。相关内容请参考第五讲"新信息的输入"。

（3）加工阶段。这一阶段的主要任务是将新信息与旧知进行融合，通过编码将新信息储存到长时记忆中。这里涉及内隐编码和外显编码两种方式，内隐编码是教师在促进学习的时候并不引发学习者的外部活动，比如记忆术、结构图等方法；外显编码指通过课堂提问引发学习者外显的信息处理活动，如课堂对话讨论、合作学习等活动。相关内容请参考第六讲至第八讲"对信息的加工""课堂提问技巧""合作学习要领"。

（4）输出阶段。这一阶段的主要任务是要让学习者将理解的内容加以运用。输出方式与迁移的远近有关。近迁移是指每一次执行的应用场景都差不多，各次应用情境之间有许多共同要素；远迁移是指任务执行者需要将某种原理或规则应用于全新的情境中，并根据实际情境需要进行调整。相关内容请参考第九讲"输出与远迁移"。

（5）反思阶段。这一阶段的主要任务是通过反馈促进学习者反思，这就涉及两个问题，一是基于课程标准和教学目标对学生的学习成果进行评价；二是对评价结果进行教学处理以帮助学生做自我反思。相关内容请参考第十讲"评价促进反思"。

本讲小结

这一讲首先给大家讲解了什么是科学的理论。做一份好的教学设计，不能仅凭经验，而要讲科学，要尊重学习者的心理规律。这是专业的教学设计区别于一般备课活动的地方。

科学并不神秘，科学说到底就是"验证之学"，凡科学的都是可以被证伪的。因此，相比于经验、情怀和信仰，将科学原理应用在教学设计中是最靠谱的。

本书所选择的理论依据主要是"信息加工理论"，这一理论完美解释了学习的过程。教学过程要服务于学习过程，所以该理论对学习过程的解释将指导我们做好教学过程的设计。

 思考题

信息加工理论是从电脑的运行中获得启发而创制的理论，可是人脑毕竟不是电脑，人脑无法打开，那么信息加工理论能解释人类的学习吗？

第四讲　学习前的准备

导　语

教学过程与学习过程是一体的。新信息先进入感觉记忆，而后进入工作记忆进行加工和编码，再进入长时记忆永久贮存。根据对人类学习的这一解释，本书为大家提供了一个兼容性比较大的教学流程：预备—输入—加工—输出—反思。在这五个阶段中，"预备阶段"是起始阶段。

教学预备阶段的目的是要使学生进入学习状态。主要完成两项任务：其一，让学习者"安心"学习，这为后续学习奠定了稳定的情绪基础；其二，激发学习者的学习动机。任何学习，都离不开努力和坚持，动机是引发努力和坚持的源泉。成功的"预备阶段"的设计，应该能使学习者产生想学习的冲动。这一讲，我们的重点是讲解如何激发学习动机，以及如何进行激发学习动机的教学设计。学习者必须拥有完整的定向基础才能开展必要的学习活动，他们必须事先知道要做什么、如何去做和为什么要做，最后他们还必须能够判断为什么做对了或者做错了。预备阶段就是在告知学习者这些定向方面的内容。

之前我们学习了四种教法，接受式、直导式、指导发现式和探究式。预备阶段的教学对于这四种教法的重视程度是不同的。学习者越是可能处于"被动学习"状态，教师就越是需要在"预备阶段"花费更大的努力。也就是说对于直接教学的两种方法——接受式和直导式更需要在学习者良好的学习状态中展开，如果学生缺乏学习动机，这对于讲授法（接受式）来说简直是致命的。不过这绝不是说发现式和探究式就不需要预备。

"安心"学习

人是情绪化的动物，青少年学生的大脑没有发育成熟，他们的情绪反应比成年人更强烈，理智更是受到情绪的左右。而学习，尤其是知识的学习却需要人的理性，理性活动在人的情绪被安顿好之后才会完全而高效地启动。心理学家一般都会建议，在情绪激动的时候请一定不要说话或者做决策，即使是成年人，在情绪状态下也特别容易出错，甚至酿出让你追悔莫及的大错。所以在情绪激动的时候，说话前要深呼吸，从一数到十，因为理性脑的苏醒有十秒的时间差。

在课堂教学的初始阶段，如果不能扫除情绪干扰，学生就无法静下心来启动理性思维。我们常说"先处理心情再处理事情"，这个道理对一堂课的启动阶段同样适合。人的不良情绪主要是五种：愤怒、尴尬、愧疚、焦虑和无聊。在这些情绪的统治下，人不可能集中注意力干任何事，更何况是应对特别消耗脑力的知识学习。一些教师不太明白这个道理，无意间甚至让自己成为学生不良情绪的源头。想象一下，上课铃声响过，你匆忙走进教室，板着脸开始点名，点完名后开始批评学生的作业，顺便列举他们的种种不良行为，然后开始抽背上一节课的内容。你这套流程还没有走完，课堂就已经被坏情绪笼罩，学生们的思维活动从一开始就被抑制了。

这里要介绍一本书《如何说孩子才肯学》，作者是阿黛尔·法伯和伊莱恩·玛兹丽施，两位作者都是国际知名的亲子沟通专家，他们认为，不管是在学校还是在家里，孩子的学习常常会受到一些看似不重要因素的干扰。比如同学抢了自己的笔、和同桌发生口角、受到了不公平的对待……这个时候他们的情绪就会像小恶魔一样跳出来，让孩子失去理智。不要以为他们天生就能处理好自己所有的情绪和冲突，如果我们忽视这些情绪，孩子内心的委屈得不到解决，就会变得烦躁不安，无法进入正常的学习状态。作者认为，即便孩子的行为是完全错误的，也要先从接纳他们的情绪开始，让孩子感觉到自己是被理解的，只有这样，他们才能静下心来，专注于学习本身。

你可能要问，是不是只有坏情绪才会干扰知识的学习，开展一些让学生心情愉快的活动，会不会有利于学习？答案是否定的，即使是积极的情绪，如果过于亢奋，也会造成对学习的干扰。假想一下，这堂课之前是一节体育课，这个班赢了他们的"宿敌"，全班沉浸在兴奋和喜悦之中，这个时候你走进教室，请大家把书打开到第几页，估计没几个人理你的。你在课堂上大声呼叫"安静！"，这没什么用，因为你的呼喊和失态刚好给激动的情绪"火上浇油"。

不良情绪和过于兴奋都会抑制人脑的理性活动，所以最适合学习的情绪状态是安宁。想要深入学习，先要摆一张安静的书桌。

以上我们知道了情绪稳定对于学习的重要性。为了让全班都能安心学习，课堂规则是个"定海神针"，课前宣布课堂规则是必须的。

课堂规则的价值不只是保障课堂秩序，更重要的是可以使学生对他们自己的行为所导致的后果能有明确的预判，从而获得某种稳定感和安全感。这里我们稍稍拓展一下，为什么法治社会总体来说要比"人治"社会更能让民众有稳定感和安全感，是因为法律比长官的情绪和思想更稳定，甚至比政府部门的政策还稳定。人们根据稳定性更强的法律规章，可以更明确地预测自己行为的结果，可以更安心地安排未来的事务。所以，教师在课前要宣布若干规则，明确告诉学生什么可以做，什么不可以做，并制定一些合理的惩戒措施，其实就是在"依法治班"，就是给全班树立一根"定海神针"了。

但是，宣布了一套课堂规则，学生们就一定会遵守吗？不一定，除非：

（1）规则是保障正常课堂秩序的，是符合大多数学生利益的；

（2）规则是人人都能做到的，否则就像是"神仙条例"。比如说，"不羞辱他人"是可以做到的，而"上课不讲话"就难了，因此，上课不讲话就属于"神仙条例"；

（3）那些被广泛认可的规则更能得到遵守；

（4）规则一旦被宣布，就要坚决执行，绝不朝令夕改；

（5）为了便于执行，规则一般不超过五条，规则过多，容易被挑战而导致所有规则都失效；

（6）规则不溯及既往，如果规则可以追究发布之前的行为，那就是在无理取闹了。

有的老师说，靠几条规则管理班级，是不是太少了，怕是管不住。这里要跟大家区分一下，这里所说的课堂规则不同于"常规"。规则一般用来维护"安宁"，与课堂秩序有关，规定的是行为底线，所以往往用否定句来表述，比如"不得辱骂他人""考试不得作弊"；而常规与课堂流程和方法有关，比如"发言之前请举手""作业要认真书写""要注意倾听""如何参与课堂讨论"等，这个课堂常规的清单可以很长很长。

规则是规定和调节严重的不当行为的，一旦规则被打破，就必须对学生实行事先约定的惩戒，否则课堂将永远不得"安宁"，因此制定规则要遵守"少即是多"的原则；而如果学生不能遵守常规，教师应该和颜悦色、不厌其烦地谆谆教诲、诲人不倦。无论规则还是常规，教师一旦宣布都要坚持始终如一地贯彻，绝不能朝令夕改，出尔反尔。

所以，为了确保课堂教学的基本秩序，教师在预备阶段的教学设计中，应该设计课堂规则和常规，并在课堂教学的起始阶段"广而告之"。

以上我们讨论了学习者的情绪干扰问题。一堂课的起始阶段，一方面是要让学生安静下来，另一方面是要激活学生学习的愿望和冲动，这看似矛盾的两件事要同时做。如果学生安静下来却不投入学习，那么这样的安静就没有太大意义了。下面我们开始讨论如何使学生投入学习的问题。

让学习有意义

学生是不是天生就爱学习？这一点我们不能做过于乐观的估计。按照生物学和进化心理学的观点，我们的基因不支持阅读、写作、逻辑、高等数学等这些需要"大脑前额叶"的活动。一个人能够获得学业成功，很大程度上取决于动因和策略，也就是"想学"和"会学"，动因是"想学"，策略是"会学"。学习心理学家普遍认为，最理想的学习应该是最理想的学习动机模式和完成学习任务的策略同时发生。而教师在课堂教学初始阶段就要设法使学习者产生"想学"的冲动。因此，预备阶段的主要设计任务就是设法激发学习者的学习动机。

什么是动机？动机通常被定义为一种唤起、指引和维持行为的内部状态，简单说，动机就是想要做某事的"冲动"。那么，学习动机与哪些因素有关？综合起来，我们可以将影响学习动机的因素分为内因和外因。简单地理解，内因就是学习者觉得"有意义"，于是产生了内部驱动力；外因就是通过外部激励手段，对学习者形成推动力。

下面，我们先来探讨内因。

有一本经典的心理学著作给我带来很大的人生启迪，书名叫作《活出生命的意义》。这本书被美国国家图书馆评为最具影响力的十本书之一，在全世界的销量达到了千万册。一本心理学学术著作，为什么会有如此大的销量？这和作者的传奇人生有关。这本书的作者是心理学家维克多·弗兰克尔，出生于1905年，是个犹太人，在纳粹时期，他们全家都被关进了集中营，他的父母、哥哥、妻子都死于毒气室，而他却活了下来，简直是个奇迹。弗兰克尔从集中营被解救出来之后，把这段经历写成了书。

这本书并没有表现作者在集中营里所承受的苦难，因为是一本心理学著作，弗兰克尔集中探讨了一个问题——如何给处在痛苦中的人找到一个生命的意义。弗兰克尔发现，在集中营死去的人中，有些并不是被杀死的，而是自杀或者病死的。弗兰克尔还发现，那些知道自己还有某项使命没有完成的人，最可能活下来。他认为，人生最重要的事，就是发现生命的意义。可以说，这个结论是心理学上的一个重要发现。

举几个例子来印证弗兰克尔的理论。《三国演义》里的故事"周瑜打黄盖"，黄盖为了诈降曹操，主动让周瑜当众痛打他一顿。黄盖一个老年人，他在挨打的时候，心里肯定没有什么委屈感，相反还很兴奋，这是为什么？用心理学理论来解释就是"找到了人生的意义"。再比如说，爱自己的孩子，再苦再累都无怨无悔，可是对别人家的孩子，就会有所保留，因为自己的孩子对自己更有意义。

我们平时都有体会，忙碌了一周后，好不容易盼到周末，无所事事，却无聊了、生病了，有个专有名词来形容这一状态，叫作"星期日神经官能症"。工作了一辈子终于熬到退休了，却无聊了、生病了，什么原因？还不是因为"失去了意义"。

人对意义的这种追求，会让人的内心产生一股精神动力。不管是正常人，还是处在极端状态下的人，这种精神动力都是人们应对生活挑战和磨难的最好的支撑。

什么是幸福？幸福可能就是有"良好理由"的痛苦。意义就是所谓的"理由"。人类这种动物，对意义的需求，比我们一般以为的还要强烈得多。我们不停地追问"为什么""凭什么"，因为人类根本就无法忍受无意义。

有个有意思的现象，在世界范围内抑郁症发病率和各国人均 GDP 之间存在明显的正相关。而在一个国家内部，比如美国和英国，抑郁症的发病率也在一代代人之间以肉眼可见的速度持续提高。出生于 1945 年之后的人，相比出生于 1945 年之前的人，抑郁症发病率整体高出了十倍。尽管中国整体的抑郁症发病率仍然很低，但是也同样出现了快速提升的趋势。抑郁症发病率升高的这种严峻趋势，一个重要的原因就是，当物质生活得到满足时，人反而失去了意义。弗兰克尔认为，想要恢复"犯人"内在的力量，就必须让他们看到未来的某个目标。同理，生活条件优越的人要想恢复内在的力量，就要重新为自己设定一个目标，重新找到活下去的意义。

现在，让我们回到"预备阶段"的教学设计。在预备阶段我们的主要任务就是激发学习者的学习动机，学习动机的内部因素就是"意义"，因此，要让学习者感到学习有意义，学习今天的内容有意义。学习心理学家普遍认为，"让学习有意义"是激励学习者的关键因素。

知道什么是最重的惩罚吗？恐怕不是死刑，而是剥夺"意义"。你看，古希腊神话中西西弗斯受到的惩罚——把石头推上山，但石头永远都会在快到山顶时滚下来。西西弗斯在这种无效又无望的劳作中消耗生命，成为一个彻底无意义的人，希腊众神认为这是最严厉的惩罚。

曾经有人效仿西西弗斯的传说做过实验，在监狱中迫使一群囚犯挖土坑，然后让他们填上，然后再挖开……如此一直进行下去，囚犯们的情绪很快就失控了。他们宁可去干其他更累但有用的活儿，也不愿忍受这种毫无意义的劳作。如果一直强迫囚犯这样做，他们会发疯。

那么，再来看看我们的教学是不是在"剥夺意义"？学生的学业负担重是不是与学习缺乏意义有关呢？

那么，什么在给学习者提供意义？这方面的理论和看法也比较多，一般认为，能提供意义并让学习者产生内在驱动力的，主要是学习兴趣和挑战性目标。

你想知道吗？让我们一起探究

学习兴趣和挑战性目标可以为学习提供强大的内部动因，使学习变得有意义。

我们先来谈谈学习兴趣。大家都说，兴趣是最好的老师，的确如此，因为兴趣像老师一样给学习者提供了方向，同时还为学生注入学习的动力。那么，学习兴趣从何而来？学习兴趣的本质是好奇心。心理学家认为，当学生对学习内容感到好奇时，他们更可能对课堂教学感兴趣。也就是说，要培养学习者的学习兴趣，关键就是唤起他们的好奇心。

2019 年的《科学美国人》杂志某一期刊登了一个研究报告，报告中描述了一个实验，研究者向受试者提问，并让受试者评定这些问题让他们感觉好奇的程度，然后给受试者看一个毫不相关的物体（一张面部图像）和问题的答案，之后，他们测试受试者对面部图像和答案的记忆情况。研究者发现，受试者对问题越感到好奇，就越可能记住看到的面部图像和答案。这一结果表明，加重好奇心不仅能引起我们对问题的答案的兴趣，还能促使大脑更加关注即将看到的事物，并把它记住。报告指出："研究者发现，好奇会让大脑中的海马体更加活跃，而海马体对于记忆的产生起着重要作用。"更进一步说，受试者对问题感到好奇，期待得到答案，这刺激了大脑的回报机制，这一机制又反过来进一步刺激海马体，文中对于这一现象是这么描述的："大脑的回报机制让海马体为学习做好了准备。"好奇心，加上对答案的期待，让受试者的大脑严阵以待，并实现了更加深刻与长久的记忆。

好奇心可以引发学习者强烈的学习兴趣，那么，哪些方法可以唤起学生的好奇心呢？保罗·伯顿在他的《有效的教学方法》一书中提供的答案是，想方设法让学习者：惊讶、怀疑、困惑、迷惑、矛盾、幻想。下面我们来解读一下：

（1）惊讶。当一个活动导致意外的结局时会产生这种情绪。"学习起于惊讶"，一个球体明摆着可以通过一个金属环，可是金属环被加热后，那个球体却不能通过了。这就是由惊讶来引发的好奇心。

（2）怀疑。学生对某一问题有疑问时会产生怀疑情绪。如学生问：是否每个三角形的内角之和总是等于180°？课堂中通过设疑可以激发好奇心，就像一部侦探片，开场就出现不少可疑之处。

（3）困惑。困惑就是这样也行那样也行，到底哪个方法是最优的呢？当一个问题有几种解决方法，却又处于不是绝对正确的情况下，困惑产生了。创造性解决问题，其实主要就是解决这类困惑问题。

（4）迷惑。这是好像知道又好像不知道，就差一点被点破时的那种感受。对一个问题缺少一个合理的解决方法时会产生迷惑。

（5）矛盾。所提出的解决办法看上去跟普遍原理或常识相反时，学生会产生矛盾心理。听上去句句在理，可是实际操作却不可能。例如，将一根很长的针刺入气球，按理说气球应该破，可偏偏却没有破。

（6）幻想。为活动创设一个想象的情境来产生幻想。如，在写作课上，教师用手电筒照到教室外面，向学生描述他们将要去探险的一个"山洞"，然后让学生来写他们在这个山洞中的想象之旅。

将新颖的理论、悖论和不协调的内容呈现出来，使学习者陷入"惊讶""怀疑""困惑""迷惑""矛盾""幻想"中，这会刺激人们的好奇心和探究欲望。

大量的心理学研究都支持上述结论。理查德·莱特在对哈佛大学开展本科教育评估时发现：最具吸引力和最有效的课程是围绕争论或反对的意见组织起来的。教育家弗兰克·莱曼风趣地说道，"教育应该是一种痒的状态，而不是挠的动作"，他认为，神秘始终是引发思考的有效方法。

激发好奇心，就要为学习主题披上"神秘的面纱"。有人认为，好的课堂应该让学习者感觉"有意思"，我同意，可是，"有意思"并不是简单的"好玩"。好课的标准是指向"结果"的，好玩也是要对教学结果负责的。在教学预备阶段，教师引发学习者的好奇心，应达到驱动学习者学习活动的目的，也就是说，如果你的努力，仅仅点燃了激情，而不是驱动认知活动，那么对学习者后续的学习未必产生积极的影响。

有一位物理老师，平时业余爱好魔术，会时不时地露两手，给他的课"披上了神秘的面纱"，学生们很喜欢他。可结果是，他教的班级的物理学科成绩并不理想。那是因为，他违背了一条重要的原则，学生的兴趣应该指向学习主题。

心理学中将兴趣分为个人兴趣和情境兴趣。个人兴趣指的是学习者愿意在特定的主题上花费时间这一相对稳定的倾向，其关键特征是它源于学习者内部。而情境兴趣是源于外部的，是由教学材料或学习情境带来的。情境兴趣可分为情绪性的和认知性的。情绪性的兴趣往往不能激发后续学习，甚至还会产生干扰作用。

我们在做教学设计时，应避免添加情绪兴趣的内容，那些情绪性内容，被称为"花边细节"。实证研究发现，花边细节的加入，对学习有明显的负效应：首先，可能将学习者的注意力从重要的概念信息引开；其次，可能会干扰到学习者组织信息的过程；最后，会激活无关的先前知识，从而扰乱学习者对新知识进行整合的过程。

一些教师手中有绝活，为了激发学习者学习，他们会在课堂上时不时地展现自己的魅力和才艺，学生们很喜欢，可遗憾的是学生们也许会爱这个老师，但未必就会爱学习。教师的个人才艺以及在学生面前表现个人才艺的冲动，在大多数时候都是妨碍学习的，除非能激发学习者的认知活动并指向教学目标。

由好奇心激发起来的学习兴趣，带有非常明显的"认知性"特征。好课的开头应该是侦探片的开头，而不是拉开娱乐片的序幕。

把时间浪费在重要的事情上

学习兴趣和挑战性目标可以为学习提供强大的内部动因，使学习变得有意义。刚才我们谈完了学习兴趣，再来聊聊学习目标。

有一句流行语"把时间浪费在重要的事情上"，意思是说，有太多的事情需要去经历，而且有些事情还很精彩，只是生命苦短，不得不做出取舍；你做出的选择，你觉得很值得，可别人可能认为你在浪费生命，但是你会坚持，因为是否"重要"是由你而不是由别人判断的。不过，不是所有人都清楚地知道什么是重要的，对那些没有人生目标的人而言，什么都重要，而什么又都不重要。

在一堆重要的事情里，还要区分什么是最重要的。因为"重要性"还分等级，你一天、一周、一年里要做很多事，这么多事都很重要，可是哪些事相比于其他事更重要呢？这就要看哪件事对你的目标贡献率最大。做这样的评估需要理性，但是值得花费理性，因为做这样的评估有个最大的好处就是不至于被"紧急而不重要"的事拖着走。听从理性的声音，确立目标，选择自己认为最重要的事去做，去行动，这叫作成为自己的主人。而跟着感觉走，人其实就是"奴隶"，是自己动物本能的奴隶。一对夫妇为纪念结婚 30 周年，约好了去餐馆吃晚饭庆祝一下，那是大日子啊！可是妻子下班路上堵车，丈夫满脸不高兴，数落妻子，妻子为自己辩解反唇相讥，把男人 30 年来陈芝麻烂谷子的错事数落一遍，他们情绪显然失控了，于是这餐饭全毁了，美好的"浪漫之夜"也全毁了。他们忘记了这餐饭的目的，他们已经不再是自己的主人了。

有些家长得了"焦虑症"，忙着休息天节假日带着孩子学这个学那个，什么都不想落下，搞得疲惫不堪，症结很可能在于缺失了"育儿目标"，如果没有目标，那就什么都重要，什么都要学，什么又都学不好。现在请你也想一想，你平时的教学有目标吗？如果没有目标，在短短一堂课里，你就容易面面俱到，什么都重要什么都教，结果也就什么都不重要了。我们往往会建议教师，对学生课堂上的不良行为，如果不是太严重的话，要学会忽略，因为你为了一个学生偶尔的行为差错，竟然花那么多宝贵的课堂时间，很划不来，除非你这堂课的目标就是"搞定他"。

同样地，学生的学习要是没有目标，那么书本里的每句话、老师说的每个字都是重要的，于是什么也就都不重要了。以前我在读书的时候最不喜欢一位历史老师的复习课，考前辅导时帮我们在教科书上划重点，结果就没有哪几行字不是重点的，于是我们几个捣蛋的学生就在底下喊"老师，你累不累啊，只要把不重要的让我们划下来就行"。

学习的意义在哪里？意义其实就是和你产生关系。兴趣为什么构成意义，因为学习内容和方式与你的兴趣相连就是与你的生命建立了关系；目标为什么也构成意义，因为一旦确立目标，行为也就有了"目的"，人就获得了意义感。举个例子，你在街上走，漫无目的，什么是"漫无目的"，那就是没有目标呀。如果你说我要去超市买牛奶，那么你在街上走路的行为就是"有目的"的。或者你在心里告诉自己，我在休息放松，你的街头漫步也是一种有目的的行为。总之，人的大脑有一种本能就是要找到行为的目的，否则就像是"失控"，我们不喜欢持久失控。

在课堂教学的预备阶段，要告诉学习者学习目标，于是整堂课对学习者而言就算接下来的学习十分枯燥也是"有目的"的，学习就这么变得有意义了，学习动机由此产生。我在指导一些教师做教学设计时，非常强调在预备阶段就要出示教学目标（学习目标），道理很简单，没有目标，学习目的就不明了，学生的学习变得没有意义，这会削弱他们的学习动机。

可是也有一些教师对此有疑义，认为有些课不应该出示目标，尤其是探究性学习，学习结果是开放的，创建一个清晰的学习目标，就等于把结论告诉学生了，这反而会使他们失去自主探究的动力。这些老师可能存在一个误解，他们认为目标就是"结论"，就是知识的结果。其实，从建构主义观点来看，"学习过程"的目标应该得到更大的关注。我们来看看探究学习的过程：（1）提出问题；（2）进行背景研究；（3）创建一个假设；（4）通过实验验证这个假设;（5）分析数据，得出结论;（6）讨论结果。以上的每一个步骤都应该有一个目标，这就是所谓的"过程与方法"目标，相信大家对"三维目标"中的"过程与方法"目标不陌生吧!

不过，我在这里也要修正一下，教学设计是不能认"死道理"的，强调在课堂教学的预备阶段"应该"要出示目标，是为了赋予学习以意义，给学习者带来学习的方向和动力，可是不等于说，"必须"在所有的课、所有的情况下都要这么做，大家要仔细区分"应该"和"必须"，学习目标"应该"在一上课就告诉学生，而不是"必须"。我们"必须"接受特例。

总之，教学目标提供了意义，设立教学目标对教师的教和学生的学都产生了积极的推动作用和影响。关于目标为什么可以改善学习者的学习表现，心理学的动机理论认为：第一，目标把我们的注意力引向即将到来的任务；第二，目标调动了努力（目标越难实现，在一定程度上就越努力）；第三，目标增加了我们的毅力（当我们有一个明确目标时，我们很少会分心或放弃，直至达到这个目标）；第四，当旧策略不足时，目标会促进新策略的形成。

不过，不是什么目标都能起到良好的作用，目标本身应该是"优质"的。

小目标胜过大理想

生活总是艰难的，学习更是如此。学生的学习哪里可以用一句"快乐学习"就能概括的呢? 漫长的学习旅程，半途而废的占多数。于是就有不少励志的教育以及宣扬"正能量"的书籍，试图通过帮助学习者树立远大理想并始终保持"积极思维"，使他们更有学习动机和始终如一的行动力。

可是，这么做很可能事与愿违。纽约大学心理学家加布里尔·厄廷根指出，在所有积极情绪中，"以乐观心态面对未来"的作用也许是最具讽刺效果的，对未来抱有积极的幻想可能会让人失去动力。因为头脑中幻想出成功的图景，大脑会自动告诉你，你已经成功了。"人们一旦感到满足，就会放松下来，而不会付出必要的努力来实现他们的幻想和白日梦。"一项针对大学生的心理学研究发现，越是幻想自己会成功的毕业生薪酬反而越少。厄廷根也在多次研究中证明，你越是感到成功，实现梦想的可能性就越低。"人们总说'梦想总会实现'，但这往往是很困难的。"

让我们回到教学中来。在教学的预备阶段给学习者确立学习目标，学习目标应该是"小目标"，尽量不要与人生宏大理想扯上关系，"远水救不了近火"，远大理想反而还可能削弱行动力。

那么设立什么样的"小目标"才是有效的呢？这里要跟大家介绍 SMART 这个小工具，帮助我们记住设立小目标的基本要领。SMART 代表 Specific（具体的），Measurable（可测量的），Attainable（可获得的），Relevant（相关的），Timebased（以时间为基础的）。

我们来看一个合格的小目标：在本节课结束后，学生能够以书面的形式，运用"蛋白质的生成过程"的知识解释 DNA 的作用。

这个目标表述很符合 SMART 标准。第一是 S，这个目标很具体，比掌握蛋白质生成过程具体多了；第二是 M，这个目标可以检测，你只要看他们的"书面作业"，就知道他们能否用所学知识解释了 DNA；第三是 A，这个目标学生通过努力是可以达到的；第四是 R，这个目标与生物学科的总目标相关，反映了这门学科的"大概念"；第五是 T，有时间节点的，因为有些目标是学期的，有些是单元的，有些是单课的，这就要标注清楚。

目标和理想相比较，在激励学习者动机方面，存在两个明显优势：

第一，目标因为"小"而可见，所以是否达成目标，可以得到明确而及时的反馈。这会在一定程度上引发学习者的焦虑感，而焦虑需要寻求释放，这就推动了学习。"为解放全人类而努力学习""你要为班级争光"，显然都缺乏紧迫感。

第二，目标包含着一个任务，"学生能够以书面的形式，运用'蛋白质的生成过程'的知识解释 DNA 的作用"这是一个非常明确的任务。目标包含任务会激发人的行动，而"只有努力学习将来才能找个好工作""一定要考进前三名"，这些话只能引发"白日梦"，且可能削弱行动力。

不过，刚才这个生物学科的目标未必就一定能激励学习者的学习动机，因为我们还要看这个目标是否具有挑战性。心理学告诉我们，当环境中具有适当的挑战，鼓励学生承担一定的风险，大脑才能产生最佳的学习状态。

教师给出的目标其实就包含着对学习者的"期望"，目标有难度，富有挑战性，就是在给学生传递一个强烈的信号：你们能行。显然，教师对学习者的高期望也产生了激励作用。如果目标偏低，站在学习者的角度看，那是在"贬低"他们，低目标不能激发他们的"斗志"。研究发现，老师对学生寄予厚望，同学生交流这种期望并提供必要的支持时，学生的表现就会非常优秀。相反，如果老师对学生期望很低，并通过语言或其他方式将这种信息传达给学生，学生的表现就会非常差。大量的研究证据表明，对学生的高期望值能够减少学生的犯罪和不良行为。如果教师对传统意义上表现较差的学生期望较低，就会导致学生表现越来越差。

总之，真正"优质"的目标应该是明确的、中等难度的、在不久的将来能达到的。明确的目标为评价和反馈提供了明确的标准，适宜的难度提供了一个挑战，能够很快达到的目标会让人更专注而不至于失去耐性。

这些原则有广泛的用途，比如瘦身，设立一些小目标要比想象自己瘦身以后有多美更能激发行动；比如戒烟，确立"每五天减少一支烟"的目标，比想象自己戒烟后会有多么健康更管用；比如我现在写作，"每天写 2000 字"的目标比"我一定要写一本国内最好的教学设计经典著作"更能克服我的懒惰。

现在我们已经知道教学目标在驱动学习方面的重要作用，也知道了什么样的目标能起到这样的作用。那么在教学预备阶段，教师应该如何呈现目标呢？这里要给大家介绍一个方法叫作"拆分目标法"。这种方法是耶鲁大学教授劳丽·桑托斯在开设的"幸福快乐课"中首次提出的，具体来说有三步：明确目标；找出可能存在的问题和障碍；提出解决问题和障碍的方案。下面举例子说明：

假设，这堂课要教学生"排比句"，在课堂预备阶段你可以试着这么说：

第一步："这节课，通过学习排比句的概念和方法，造出五个不同的排比句。"这一步你在明确一个目标。

第二步："写出五个不同的排比句，最大的难点在于不仅要多，而且不能雷同。"这一步你提出了在实现目标的过程中可能会遇到的问题和障碍。

第三步："为避免雷同，你就要保持注意力。"这一步你在针对这个问题和障碍提出解决方案。

为什么"拆分目标法"管用？这就要回到刚才我们介绍的厄廷根发现的一个规律，积极的想法有时反而会引发不快乐，因为我们只把目光聚焦在伟大理想上，却忽略了实现结果可能会遇到的问题，这在过程中很容易失败，从而引发失落。而用"拆分目标法"来分析和制定一套方案，会帮你更容易实现目标，也能带来更多的满足和快乐。

学习是无比艰辛的劳动，科学合理地为学习者呈现目标，以激发他们的动机，是我们做教师的一项专业责任。

本讲小结

这一讲我们主要聚焦教学中的预备阶段，明确教师的两大任务，一是让学习者安心学习，二是激发学习者的学习动机。

创造一个让学习者安心学习的环境，是教学的首要任务。为此，教师作为"知识服务者"和"情绪工作者"，要设法照顾好学生们的情绪，当然前提是先要照顾好自己的情绪。为了减少不稳定感，教师应"依法施教"，习惯以规则和常规，而非以个人情绪或者个人喜好来处理班级事物。

本讲的重点在探讨如何激发学习动机，其实对这个问题的关注应该贯穿学习者全部的学习过程。只是在教学起始阶段，激发学习动机显得尤为重要。让学生产生强烈的学习愿望，靠内部驱动还是外部激励，哪个更有效？各方面的研究结论都是支持内部动力的，因为外部刺激可能短期有效而长期无效。

学生的内部驱动力来自于哪里？一是学习兴趣，二是挑战性目标。这两大类源头都提供了"意义"，人只有觉得有意义，才愿意为学习投入艰辛的努力。

激发学生的学习兴趣，关键在于引发好奇心，要提防"花边细节"转移学生的注意力；挑战性目标也能带来学习动机，但是与我们一般的认知不同，"小目标"反而比"大理想"更能驱动学习者努力学习。在预备阶段，我们的教学设计就要着力思考，如何引发学习者的好奇心？如何设定挑战性的小目标？

思考题

1.有的老师说，学习之前要保持积极的状态，让学生大声朗读、背诵、唱歌，他们的情绪一下就高涨起来。你对这样的说法认同吗？为什么？

2.一些学校和教师往往使用量化评分和鼓励竞争来激发学生的学习动机，请问你对这样的做法有何看法，同意还是不同意？为什么？

第五讲　新信息的输入

导　语

为体现教与学的统一性，我们把课堂教学过程分为五个阶段：预备—输入—加工—输出—反思。一堂好课就像是一部大片，一部悬疑片，所有的好电影都有开始、过程展开和结尾。课堂教学的预备和输入阶段就如同电影的开始，主要目的就是将观众带入情节中，为接下来人物之间的误会、冲突和矛盾做好铺垫。

这一讲我们围绕的主题是如何高效而轻负荷地将新信息输入到工作记忆中，以及介绍输入阶段教学原理和教学设计的要领。

之前我们已经了解到，人在学习时发生着三种记忆，即感觉记忆、短时记忆（工作记忆）和长时记忆；我们也已经知道，了解这三种记忆，是打开学习奥妙之门的钥匙。

其一是感觉记忆（sensory memory）。你打算教学生一个新单词 boy，这个单词的音和义对学习者来说就是一个新信息，新信息被耳朵这个"感觉接收器"接收，贮存在感觉记忆中，严格的说是"新信息以感觉记忆的方式被保留下来"。但是，感觉记忆保留信息的方式非常粗略，它的容量非常有限，保留的时间极短。短到什么程度？你看到 boy 这个单词是通过视觉接收到的信息，大约是半秒钟，所以过目就忘就很正常了。

其二是短时记忆（short-time memory）。现在 boy 这个单词进入了感觉记忆，你得赶在这个新信息消退之前，赶紧对它给予持续注意，那么，boy 这个单词的信息就能够转换为短时记忆。在认知理论中，将短时记忆称为工作记忆，如果学习是一项工作的话，主要的工作场所就发生在短时记忆中。与感觉记忆类似，短时记忆的容量也很有限，大概一次只能处理五到九个左右的项目，保留的时间也很短，你要是不在 18 秒内主动复诵，信息就会丧失。

其三是长时记忆（long-time memory）。要是 boy 这个单词从短时记忆通过一系列的编码程序进入长时记忆，那么，这条新信息就有可能被永久保持，于是外部输入的新信息 boy 就成了你头脑中的一条知识。

认知理论认为，学习的过程就是让信息从感觉记忆到短时记忆再进入到长时记忆的过程。为了有效完成这个过程，学习者要做三件事：首先是"选择"，通过眼睛和耳朵对进入的信息予以注意时，实际上就是在做"选择"，选择打算要进一步加工的信息；其次是"组织"，在短时记忆中新信息被学习者"组织"起来，原本零碎的信息成为有内在联系的整体；最后是"整合"，那些经过组织的信息与从长时记忆中提取出来的已有知识之间建立起一种外部的联系，于是新信息就会被编码，永久保留在了长时记忆中。新信息和你头脑中原有的知识融合，这是学习过程中最关键的时刻，因为这会达成学习者对新信息的"理解"。

下面要介绍一下这一讲的重点内容：

（1）外部信息输入时一定要引发学习者的注意力，只有集中注意力，新信息才能从感觉记忆进入工作记忆中，等待被加工。

（2）在工作记忆中，外部输入的新信息必须被学习者组织起来，变得有意义。

（3）还是在工作记忆中，唤醒头脑中的旧知识，使旧知识与被组织起来的新信息融合，新信息才可能被永久保留，成为你的"知识"。

（4）因为工作记忆的容量有限，教师要控制学习者的认知负荷。

注意力是稀缺资源

一些教师是上公开课的高手，往往在公开课上很能表现，而平时的教学效果却不一定很好。这是因为公开课少了一个"敌人"：学生涣散的注意力。公开课上，那么多围观的老师，都在帮你监控课堂。

集中注意力是输入新信息时的一个必备条件，注意力涣散会引发一系列问题，不仅影响到新信息的输入，而且可能影响课堂纪律。所以真正了不起的教师，是特别能把"家常课"上好的高手，他们是调动学生注意力的行家里手，他们总有办法将一群"熊孩子"的注意力指向他们希望到达的地方。

什么是注意力？所谓注意力，是指人们关注一个主题、一个事件、一种行为和多种信息的持久程度。一个人对某事很专注，意思是说他的注意力投向了那件事，而且时间保持足够长。人在集中注意力的时候，大脑特别耗能，所以我们根本无法做到对一切都保持专注，根本无力对一切细节都保持敏感。要是一个人对什么都感兴趣，估计是很难的，为了节省能量，人脑会自动选择在某些情况下对某些事物集中注意，而对另一些事物则采取视而不见的策略。

有个心理学实验，研究者让一群成年人看一段打篮球的视频，同时让他们数传球的次数。数完之后，让他们不带任何任务再看一次这段视频，结果所有人都惊讶地发现，他们在看第一遍时为了"数数"，居然都没有看到视频中有个人扮成大猩猩穿过了画面。现在你能理解什么是集中注意力了吧！所谓集中注意力就是屏蔽你认为无用的信息。在我们集中注意力的时候，大脑会释放一种化学物质，主动抑制和屏蔽无关信息，来使注意力更为集中和持久。

注意力的原理告诉我们，学生们的注意力如果不在课堂学习上，那一定会在别的什么地方。因此，注意力是一种稀缺资源，教师实际上是拿着教学内容与可能更吸引学生注意力的事物竞争。

这里要顺便说说休闲方面的事。人类祖先生活在森林或者旷野中，现在我们生活在城市里。生活在繁华都市的人其实活得挺累，因为我们的基因还没有适应城市生活。城市里人来人往、琳琅满目，其中的信息量远多于自然环境，那么多信息刺激到你的感官，鼻子、眼睛、耳朵，你的大脑根本来不及做筛选。即使你的注意力已经集中到了某个事物上，可是你的感觉器官还在工作，在拼命帮你屏蔽与这个事物无关的信息。当你集中注意力在某个事物上的时候，你的大脑以你不知觉的方式继续工作，所以你去逛街时，即使你对眼前的一切都未加注意、视而不见，可是回到家还是会觉得特别累。现在你知道什么是休闲了吗？休闲其实就应该到一个信息量相对小一点的地方，让你的感官放个假。

下面我们回到主题。要让学习者保持长时间的注意力，就要了解注意力与哪些因素有关。心理学研究认为，主要有三个因素：年龄，兴趣，专业水平。

第一个影响注意力的因素是年龄，7—10岁的小学生，他们的注意力只能维持15—20分钟；到了10—12岁，也只能达到25—30分钟；12岁以上能超过30分钟。其实，几个月大的婴儿就已经有注意力了，只是与成年人相比，他们特别容易"分心"。

我想提醒大家的是，青少年学生的注意力水平低，是正常现象，想象一下一个7岁的儿童，要真能像我们成年人那样听领导讲话，几个小时正襟危坐纹丝不动，这只能说明他们"不太正常"。虽然分心会让孩子们很难像成年人一样高效地完成任务，但是分心有分心的好处，分心使儿童能够同时注意更多的事情，这会让孩子们比我们成年人更善于捕捉偶然出现的信息，因此他们学得更快。有时候你会觉得奇怪，有些东西你根本没有教过，可是小孩子不知道哪天自己就学会了，这就是分心带来的好处。宽泛的注意力让他们不会错过世界上任何有趣的信息，不管这个信息对他们来说是不是很重要。从这个意义上说，正是这种宽泛的注意力让孩子比我们成年人更适合学习新事物，也更有创造力。很多诗人、作者、画家都是从宽泛的注意力中获得了艺术的灵感，从这点上看他们更像儿童。

影响注意力水平的第二个因素是兴趣，这在注意力理论中又被叫作"语境因素"。有句话说得很对，我们更愿意看到自己想看到的。人的注意力往往跟着兴趣走，这种心理机制被称为选择性注意。心理学家研究选择性注意，认为这是实现自我预言的关键机制。当一个人发出一个预言后，为了维护"我是对的"这份自恋，他的注意力就会特别集中在那些符合预言的信息上，而那些不符合预言的信息，则被自动屏蔽了。比如怀疑邻居偷斧子，结果越看越像，这样一来，我看到的世界，就符合了我的预言。为什么每个人同处一个世界，看到的都不同？很有可能是因为兴趣点、关注点不同。

相比较的话，儿童的注意力更是紧紧追随兴趣，而成年人则更有能力从兴趣里挣扎出来，用目标来引导注意力。成人能够预先判断哪些信息对自己有用，哪些信息虽然对自己很有吸引力，但只是干扰源，不用管它。于是成年人的大脑会强化有用信息，而抑制有趣信息。不过，也正因为儿童跟着兴趣走，所以儿童的学习倒是比成年人显得更纯粹，很少有功利性目的。

有些事物特别能引发学习者兴趣，以至于将注意力从学习中拽开，比如说：

（1）相对强烈的刺激：例如一声巨响、一道强光、一种鲜艳的颜色，都会立刻引起人们的注意。

（2）突然发生变化的刺激：例如在听课时，如果教师的声音突然停止了，马上就会引起大家的注意。

（3）不断变化的刺激：例如霓虹灯的闪闪烁烁，特别容易引起人们的注意。

（4）在背景中特别突出的刺激：例如"万绿丛中一点红""鹤立鸡群"或者在许多小孩中有一个大人，就容易成为被注意的对象。

我想带有这些特点的事物，不仅使青少年学生觉得有趣而受到吸引，成年人如果没有足够的定力恐怕也难以集中注意力。因此，教师在课前就要有一定的预防措施，防止出现这四大干扰源，并在教学设计中对学习内容和学习过程做趣味化处理。

第三个影响注意力的因素是专业水平。一个初学者与一个专业人士相比较，专业人士会迅速注意到最核心和最关键的地方。刘姥姥进大观园和诗词专家进大观园，注意力方向和水平都是不同的。我们到旅游景点，一些游客因为缺乏必要的历史文化方面的知识，会觉得这个地方没什么可看的，而另一些人却可能陶醉其中，流连忘返。同样的道理，初学某个知识点的学生会忽略某些重要的信息，因此，.教师就要引导他们注意到那些真正重要的地方。教学从某种意义上说就是要努力将学习者带入知识的庙堂，让他们成为某个学科的高手。一旦他们成为高手，他们的注意力水平将会更高。所以，越专业的人也就越专注。越是学习上落后的学生，注意力肯定也越难以集中，或者他们的注意力容易跑偏到知识的次要部分。

我们已经知道什么是注意力，也知道为什么注意力特别容易涣散。有个热门词语"注意力经济"（attention economy），是指最大限度的吸引用户或消费者的注意力，通过培养潜在的消费群体，以期获得最大的未来商业利益的经济模式。其实，课堂教学面临一个同样严峻的问题，那就是，在注意力严重短缺的时代，如何抓住学生的注意力。

抓住注意力

我们知道四种教学方式，在输入阶段，这四种方式对注意力的要求不同。

接受式教学（讲授法）。这是最注重输入的一种教学方式。教师在知识讲授和技能演示中，由于不需要师生互动，所以对学习者的注意力要求特别高。因此，教师在使用接受式教学时要格外的努力，才能防止学生注意力涣散。

直导式教学。因为师生互动频繁，加之教学进程被分成一个个小块，不需要额外的方法，往往学习者的注意力水平本身就可能很高。对注意力水平偏低的学生，使用直导式教学就是一种好策略。

指导发现式教学。因为学习过程中要求学习者自主合作解决问题，高参与性能保证学生保持较高的注意力水平。

探究式教学。教师将大部分调控注意力的任务留给了学习者自身，那些缺乏良好自我监控力的学习者，可能在集中注意力方面存在困难。而教师事实上对学生的注意力问题基本上无能为力。

通过对教学方式的讨论，我们得出一个基本结论，直导式和指导发现式教学是最有利于提高学习者注意力的。但是，无论使用什么样的教学方式，在一堂课的输入阶段，教师的讲授和演示如果是必须的，就都需要使用提高注意力水平的策略。

有人会问，可不可以对学生进行注意力方面的训练？假如训练有素，学生在学习时再也不会分心，那不就一劳永逸地解决问题了吗？这个愿望是良好的，可惜不可行。一些针对多动症患者提高他们注意力水平的方法，取得了一定效果，但是用在正常儿童身上却显示无效。有一种号称是世界上"最简单、最有效也是最科学"的方法叫作"舒尔特方格"，可你要知道用这套枯燥乏味的方法训练注意力，本身就需要强大的注意力。

专门的注意力训练不是一种有效策略，那么哪些策略可以改善学习者的注意力呢？我想首先是要提高自己的课堂教学水平，以避免学生分心。因为青少年学生的注意力水平偏低，他们的注意力经常会被干扰而游离于课堂学习之外，以下这些避免学生分心的方法可以在我们的教学设计中被有效使用。

（1）避免枯燥乏味的"输入"。枯燥乏味的时候是学生心思闲散、想入非非的"好机会"。如果枯燥乏味的内容加上你在讲述时语气单调、表情木然、姿势呆板，学生很快就哈欠连天了。

（2）避免重复啰嗦。有时怕学生记不清楚，我们就会重复好几遍。可是，正是由于这些我们出于好意的啰嗦，刚好降低了学生的注意力。重复和唠叨使学生养成了听别人说话不抓重点、心不在焉的坏习惯。

（3）避免事事干预。要学会有意忽略那些细小的、无关紧要的和转瞬即逝的不良行为。教师不应该对每个小问题都加以干涉，因为这种干涉本身会对课堂进程和课堂秩序产生干扰作用。比如，一个孩子铅笔盒掉在地上，或者同桌的两个学生发生一些小小的争执，这时教师完全不必停下课来进行干预，学生自己就会处理好这些问题。为什么对小问题采取忽略的方法最为有效？那是因为选择忽略的策略可以保证课堂教学的连续性，而且避免了使发生问题的学生再次成为其他学生集中注意力的干扰源。

（4）避免不确定。在教学流程和顺序上应尽量有规律，减少临时起意。研究发现，在阅读小组上课期间，教师让学生按预定顺序阅读比随意叫学生起来阅读效果要好。这可能是因为预定的模式给学生提供了一种有助于他们跟上上课节奏的组织结构。

（5）避免拖太久。当你发现全班大多数学生都无法集中注意力听课时，最好变通一下，提前一点结束自己的讲述，而不要再固执地上下去了，否则就是不战而自败了。

以上这些避免学生分心的方法是我们教学设计中首先要加以注意的；其次要介绍提高学生注意力的方法，看看能否进一步改善我们的教学设计。

（1）标准化信号。为了使每个学生都把注意力转移到课堂上来，教师可以使用标准化的信号，这些信号可以是言语信号，也可以是非言语的。"现在，大家看着我"，这是言语信号；击掌两下让大家安静下来，这是非言语信号。信号必须标准化，才能起效，每次使用不同信号或者让同一信号代表多种含义，这种"信号混乱"只会增加课堂混乱的发生几率。

（2）事先预告。课堂活动之前提示学生要注意什么，告诉学生应将注意力投向哪里，投向那里的话会取得什么样的成效或达到什么样的结果。教学中，从一个内容转换到另一个内容的时候，特别容易使人迷惑，所以要通过改变声音或用过渡语预告接下来的内容，比如"总而言之"，"刚才我们讲了第一个原因，现在我们讲第二个原因是……"，过渡语是风向标，预告了未来的方向。教师还可以使用更多的预告语，让学生对即将到来的挑战有所准备，"这里有一个让人头疼的问题，我们来看看大家会怎么解决这个问题"，或制造悬念"那么，你们认为下一步会发生什么呢"。

（3）实时监控。在整个上课期间，教师应该随时随地"扫描"学生，当他们知道教师时不时都在观察每个人的注意力时，他们就更有可能保持注意力。成功的教师有着敏锐的感知能力，他们总是能提前预知课堂里即将发生什么，并恰到好处地对可能出现的意外做出反应。他们的课堂里不是没有问题，而是善于把大部分问题扼杀在萌芽状态。课堂上，特别是输入重要信息时，只要有若干学生还没有回过神来，教师就要迅速做出反应。

（4）果断干预。一旦课堂监控中发现学生有注意力涣散的迹象，就要采取干预手段。有哪些常用的干预手段呢？最常用的干预方法是"眼光接触"，学生注意力偏移到别的地方，教师只需用眼睛扫视一下，一般就可以使他们专心起来，所以教师要像京剧演员一样练练眼神；如果眼光接触无效，那就用第二招"身体靠近"。一般情况下，教师可以通过走近注意力转移的学生使他们重新专注起来，而不必多说什么；如果身体靠近也无效，那就要用第三招"触碰"了。教师可以轻轻地拍一下注意力不集中的学生，但不必停下课来拍，手掌可以在学生的肩膀上停留一小会儿；要是拍了也没有用，那就拿出第四招"要求回答"。你可以宣布，下面开始提问了，即使不请那名注意力涣散的学生站起来回答问题，也能将他的注意力牵回来。要是一而再再而三地发生同样问题，那就要点名请他站起来回答问题，无论回答是否正确，都要加问一句："你知道我为什么叫你起来回答问题吗？"如果还不起作用，就叫出他们的名字。如有必要，加一句简短的集中注意力的话语，如"××，请你看这儿"。叫出名字之所以会有效，是因为每个人对自己的名字都特别敏感。

刚才我们介绍了引起学习者注意的常用方法，大家可以在教学设计中加以使用。

帮助学习者集中注意力的方法很多，但是没有一种方法可以单独使用，试图把课停下来专门训练注意力也是不现实的。因此，我们能做的就是一方面严格要求自己以避免分心，避免自己成为学生集中注意力的干扰源；另一方面是掌握常用的提高和保持学生注意力的小招数，让自己成为调动学生注意力的高手。

激活旧知

在输入阶段，学生的注意力一旦被吸引到学习内容上，这就为新信息的输入做好了知觉准备，你的教学这才真正开始了。不过，别急，在你输入新信息之前，还得先激活旧知。

人不可能理解、记住或学会自己完全不熟悉的东西。我们已经了解到人是用已有的旧知识来"认知"新信息的，在输入新信息前，要设法激活长时记忆中与新内容有关的原有知识，并将这些旧知提取到"工作记忆"这个"托盘"

中，与新信息进行融合，知识就这么被我们理解了。

错误的旧知对新信息的学习是一种障碍。比如，在数学学习时，许多学生把自然数的规则套用到小数学习中，因此就常常犯错。教师不能为了赶时间而急着输入新知，如果旧知存在偏差，建立在旧知基础上的新知也就学不好，这就是心理学中所谓的"累层效应"。如果对学生原有的知识视而不见，那就可能导致概念上的似是而非甚至是错误的理解。

那么，输入新信息和激活旧知这两件事，哪件事在前哪件事在后呢？答案是激活旧知在前，因为新信息并不是以某些抽象的方式被输入，而后才与先前知识发生关联的。相反，人总是用已有知识对新信息进行解释，否则人不可能真正理解新信息，那就变成死记硬背和硬塞了。

打个比方吧，人的心理记忆类似一个档案系统。新信息进来后要被归类到已经存在的文件夹中，可是如果新信息不适合被归类到任何一个已经存在的文件夹中，你就只有两个选择，要么把新信息扔掉，要么为新信息建立一个新的文件夹。而人类出于本能，是倾向于把新信息扔掉的。

为什么说人类的记忆极不可靠？那是因为人脑和电脑不同，人脑做不到纯客观地记忆。通常，我们所记住的一切，如和别人说过的话、读到的书中的内容、看过的影视剧，等等，都是先运用各种已有的知识对其进行加工，然后再对已经被解释加工过的内容进行记忆的结果。我们所谓的记忆从来都不是纯客观的事实记录，而是经过了转换器的解释加工并构筑起来的。所以，我们都不能对自己记忆的准确性太过自信。

但是，仅仅拥有旧知识还是不够的，还必须将其"激活"，才能使旧知发挥理解新知识的作用。所谓"激活"就是唤醒旧知识，将旧知从"长时记忆"中提取出来，放到"工作记忆"中，等待新信息的到来。唤醒的旧知应该与即将到来的新信息有关联，尽量避免唤醒过多的无关信息，毕竟"工作记忆"的容量是很有限的。

那应该如何激活旧知？一个简单的办法是直接告诉学生已经学过什么，帮助他们回顾和温习旧知；还有一个常用的方法是就旧知进行提问，让学生通过简单的回忆从长时记忆中提取旧知。这两种方法都是对的，但是后一种显然比前一种更有效，因为研究发现，被自己多次提取的知识会更牢固地被掌握。

我们一般通过提问激活旧知，可以这么问：

· 进入今天的课程之前，有没有同学可以告诉我上周一我们学了哪些内容？

· 今天我们要讲到第三个重要理论，不过在这之前，请大家先回顾一下，到目前为止我们已经讲到了哪两个重要理论？

· 这学期我们已经讨论了这一领域的几个实验，谁能告诉大家，通过这些实验我们得出了哪些结论？

只要提出这些问题，学习者就会做出从长时记忆中"提取"旧知识的反应。那要不要让他们把旧知提取出来向全班公布呢？

在一项记忆实验中，受试者被要求观看一幅地图，然后练习对地图特征进行"隐性"提取，"隐性"提取就是只做回忆，并不把答案说出来或者写下来；结果显示："隐性的提取练习和显性练习一样有助于后期的记忆……两种方法都可以产生很好的测试效应。"为了确保隐性提取的功效，在提完问题以后最好要停顿一下，让每名学生都能参与到提取练习中，然后再叫已经有答案的学生站起来回答。这样，就算没有大声说出答案的学生也有了思考的时间。

不过，我还是主张尽可能做显性提取，因为让学生用各种方式将已有旧知表达或写出来，我们才有可能通过评估他们表达的内容，大致判断他们的旧知是否正确，也才有可能采取必要的补救措施。教师应该努力创造一种环境，让学生有机会袒露自己的真实状况，哪怕是错误的。在真正民主的课堂上，学习者能够大胆地说出"我不会"。

通过倾听学生表达，如果发现他们的旧知是错误的，那么就要纠正，如果他们缺乏必要的旧知，那就要"补课"。

我们学习过的四种教学方式，无论使用哪一种教学方式，在输入阶段都要激活学习者的旧知，但具体任务和要求不同。

如果你打算使用接受式教学（讲授法），就必须花时间补上旧知，因为学习者缺乏必要的相关知识，讲授法的效果就会很差，听你的课如同听"天书"，他们很可能放弃学习。

如果你打算使用直导式教学，你只要在输入新信息之前与学生做一个简单的旧知回顾，提供学科知识即可，因为直导式教学往往层次清晰、循序渐进、环环相扣。教学过程中，你只要发现旧知有误或缺失，可以随时暂停，边补旧知边输入新信息。

如果你打算使用指导发现式教学，为了帮助学习者自主解决问题，只要发现他们遇到学习障碍就要检查他们掌握旧知的情况，特别是背景知识的掌握情况，你的一个主要任务不是输入新信息，而是激活旧知、纠正旧知和补充旧知。

探究式教学需要丰富的旧知做基础，一般由学习者根据需要解决的问题自行"补课"。

让新信息的界面友好

优秀产品的设计都试图满足用户的需求，将友好的界面留给用户，而将复杂的工作留给自己。苹果手机可能就是一个典范，苹果公司在商业上的成功离不开乔布斯的极简设计理念。教学设计也应该如此，如果学习者就是我们的用户的话，我们将新信息呈现给他们，要努力做到界面友好，而将麻烦留给自己。

将新信息传递给学习者之前，教师应该对这些信息进行组织，只有对新信息进行了"结构化处理"，才能更好地契合人的心理结构。

这里先要讲讲"美"，美的事物之所以能让人产生愉悦感，显然高度契合了人的心理结构。哲学家阿奎纳认为，美的事物是"那些看上去使人愉悦的事物"，他认为美包括三个条件——"完整或完满，因为有缺损的东西必是丑的；适当的比例或和谐；鲜明或清晰，因为美的事物的色彩总是明丽的"。你看一个人的脸美不美：一是完整。缺了任何一个"零件"都不美。二是比例和谐。大眼睛好看吗？未必，这要看比例，太大了占半个脸显然也很恐怖。三是清晰。为什么女士们要化妆？化妆的本质就是去除无关部分，把雀斑之类的遮蔽掉，突出脸上最漂亮的部分。

现在我们回到教学上。将新信息输入给学习者，就要对新信息进行组织

（结构化处理），使新信息"界面友好"，更符合人的心理结构。这就有了三条美学标准：新信息必须是完整的，相互之间是有关联的，而不是零碎的；新信息必须是比例和谐的，主次分明，重点和难点显然所占的比重更大些；新信息必须是清晰的，关键性的概念和原理都要概括清楚，绝不含糊。

可能大家会说，教材本身就已经对教学内容进行了结构化处理，何必再去花时间重新组织？这就要谈到教材的作用了。教材承载着教学内容，但是教材对学习内容的组织更多体现着学科本身的逻辑，教师的设计就是要将学科的逻辑转换到学习者的逻辑上来。差的教学是照本宣科式的，反正知识点就是这些，考点就是这些，一股脑儿端给学生，就算教完了，这样的教学其实根本没有做任何设计。这就是将很差的界面给学生，即把麻烦丢给学生，把轻松留给自己。

学习者学习的逻辑说到底就是他们的认知特点。认知心理学家皮亚杰把认知分为前运算、具体运算和形式运算三个阶段，由低一级水平向高一级水平过渡，这种顺序是不可改变的。布鲁纳也认为，在不同的发展阶段，儿童认知水平是不同的，他认为"动作—表象—符号"是儿童认知发展的程序，也是他们学习过程的认知序列。人只有到13—14岁前后才能够使用符号和概念，才能以间接和任意的形式表现事物，也就是进入了抽象概括思维阶段。

认知理论认为，只有将学习内容按照学习者认知阶段的特征进行处理，使之与他的认识水平和方式相一致，学习者才能够与学习内容产生认识上的关系，也就能够学会它。因此，契合学习者心理结构的知识结构一定是：从具体到抽象再回到具体；从简单到复杂再回到简单；从熟悉到陌生再回到熟悉；从现在到过去再回到现在；从一般到特殊再回到一般；从整体到部分再回到整体；从归纳到演绎再回到归纳；从概览到内容再回到概览。

轻教学

心理学家认为，工作记忆的功能强大，不仅用来存储指令、数字和位置信息，它在我们的语言理解、学习、逻辑推理等复杂的大脑认知功能中也占据着核心地位。可是，工作记忆的容量很小，只能容纳5—9个工作模块。有时，一道简单的计算题就占据大部分甚至全部的容量。

举个例子，给你一道算术题，39减去5加上6等于多少？拿到这个题，你的大脑开始运作，第一步39减5得34，第二步你把34记下来，第三步你要回想下一项任务，也就是加6，第四步你再回忆之前得到的34，第五步你把34加上6，得到了最终结果40。你看，在这个过程中，工作记忆上发生了什么？你不仅记住了问题，还记住了中间结果，并经历了中间结果在大脑里的保存和调出，是不是很占容量？

脑科学家研究发现，一个人在同时执行两项任务时，在工作记忆的脑区中就会产生重叠现象，导致脑区活动相互干扰，你执行的任务越多，干扰也会越强烈。日常工作中，我们都会在某个时刻发现脑子似乎不够用了。当你在办公室忙着批作业，忽然家长来访，你们还发生了争执，送走家长才一会儿功夫，一个学生跑过来向你报告班里两个孩子打起来了，你的大脑估计瞬间崩溃。一份美国的工作环境调查报告显示，每个办公室职员平均三分钟会被打搅一次，工作的电脑平均会同时打开八个工作窗口。我们国内没有看到这方面的研究数据，但一定好不到哪里去。现代人并不比我们的祖先轻松，因为大脑要处理多项任务，而我们的大脑并不是为处理多项任务而设计的。

青少年学生执行多项任务和排除信息干扰的能力，恐怕比我们这些成年人低很多，随着年龄的增长，他们大脑暂时存放信息的能力才有可能得到提高。工作记忆保持信息的能力有限，新知和旧知在这里完成整合，任何稍显复杂的活动都可能造成学习者的认知超载，因此在上课的起始阶段，教师就要设法控制认知负荷，以实现"轻教学"。

那如何控制认知负荷呢？总结下来主要有以下七点：

第一，减少一次性呈现新信息的总量。降低认知负荷首先就要将新信息的总量控制起来。一般的方法是：

（1）控制数量。将学习内容分模块，但不宜分得过于细小，以保持较低的信息呈现密度。

（2）控制速度。尤其是针对学习困难的学生，一定要控制好信息呈现的速度。那你说教学内容很多，来不及啊！这就是一对矛盾，信息输入的质量和数量，在两者不可兼得的情况下，你到底选哪个？

（3）切换"储存器"。合理利用视觉和听觉这两种方式呈现新知识。我们可以把工作记忆看成是两个储存器，一个负责处理视觉信息，一个负责处理听觉信息。如果新知在两个系统中均衡分布，会最大限度降低认知负荷。

第二，使用多种信息呈现方式。加德纳在《未经教育的头脑》一书中指出，对任何内容至少可用以下六种方式来教：叙述、逻辑分析、动手经验、艺术探索、哲学考验和人际经验（合作）的方式。他举例说，学习"进化论"这一知识点，可以通过以下不同的途径：阅读关于达尔文及其旅程的故事（叙述）；考察繁殖的显性和隐性特征的数量关系（逻辑）；饲养具有某种特征的果蝇（动手）；寻找果蝇翅膀的相同点和不同点，并画出图像（艺术）；思考一些基本问题，如是否所有事物的进步都由进化导致（哲学）；在某个项目上一起工作，承担不同的角色（合作）。

第三，避免不必要的输入。如果是技能和情感类的学习，教师应控制信息的输入量，将知识输入量减到最少；即使是为了获取知识，当出现下列情形之一时，一般也应避免知识的直接输入：信息是复杂、抽象或者非常注重细节的，学生的参与是非常重要的，属于高级认知任务的，学生的能力低于常态等。

第四，提高新信息的辨识度。越是清晰明了的信息，在认知处理的时候大脑耗费的工作能量越小，斯密斯和兰德在观察研究中发现，九大类模糊语言会降低讲课的有效性：

（1）模糊指称（以某种方式、某地、多个条件、其他）。

（2）加强程度的否定词（不多、不太）。

（3）约略词（大约、几乎、有点儿、相当、一些）。

（4）虚张声势和调换说法的词（事实上、等等、无论怎么样、正如你们知道的那样、基本上、用其他的话说、长话短说、你知道）。

（5）表示承认错误的词（对不起、很抱歉、我猜测、我不肯定）。

（6）表示不确定的数量词（许多、几乎、一点、有些、几个）。

（7）表示繁多的词（多方面、多种）。

（8）表示可能的词（有可能、也许）。

（9）表示概率的词（通常、普遍、经常、有时、常常）。

这里，我并不是说我们不能使用模糊语言，但是要提防模糊语言在传递关键性新信息时可能给学习者带来的困惑，这些困惑都容易增加认知负荷。

第五，使用辅助工具。在具体呈现新信息的时候，我们还可以使用提示性工具来强化新信息的内在结构，以减轻认知负荷。常用的提示性工具包括板书、多媒体课件、图示，这些辅助工具的使用，主要不是提供实际的信息，而是使知识的结构更为清晰，让人一目了然。不过，辅助工具不能吸引过多注意力，以防增加学习者的认知负荷。所以，花里胡哨的设计反而容易成为"干扰源"。

第六，使用过渡语和提示语。教师把新信息组织起来，有点像是在砌一堵墙，每块砖就是一个新信息，但是光把这些信息堆起来还不是在砌墙，还要将砖与砖"黏合"在一起，这就要用到黏合剂。教师使用的表达关系的词语，就是所谓的"黏合剂"了。表达关系的词语能帮助学生厘清知识的结构，如，表达顺序的"首先……其次……然后……"；表达时间的"早上……午后……晚间……"；表示总括的"总之""这样""由此可见"；常用的语言标志还有"请特别注意下列要点""若能记住下述要点，对你必定十分有用""谈了许多，其要点不外……"等语句。

第七，点明旧知和新信息之间的关联。旧知从长时记忆中被提取出来"放置"在工作记忆中，新信息也被输入到工作记忆中，这时学习者的认知负荷加重了，因此要赶在新信息被丢弃之前，迅速将它们整合起来，一旦整合起来后，工作记忆中的负荷就降低了。因此，教师要帮助学习者意识到新旧知识之间的关联。

研究发现，让学习者预测新信息的内容可以更好地将新旧知识相连从而降低认知负荷。加州大学洛杉矶分校的一系列实验研究结果显示，学习者对即将学习的内容进行预测，即使预测是错误的，也可以提高对这些内容的理解和后期提取的能力。

现在大家都在说"减负增效",谈的主要是课外学习的负担,这是一个系统工程,需要全社会做出长期的努力。我们这一讲强调的是减低课堂学习的认知负荷,我认为这是一名专业的教师靠着个人的努力就可以做到的,而且是应该做到的。

本讲小结

教育心理学家奥苏贝尔提出,学习者进行有意义学习必须具备三个前提条件:学习材料本身必须具备逻辑意义(新信息被组织);学习者必须具有有意义学习的心向(注意力);学习者的认知结构中必须有同化新知识的原有的适当观念(旧知识被激活)。奥苏贝尔认为,这三个条件缺一不可,而"学习材料本身不具备逻辑意义,那么它也不可能通过有意义学习来掌握"。

本讲的内容与奥苏贝尔的提法是一致的。在"输入"阶段的教学设计中,教师要完成以下任务:引发学习者的注意力;对新信息进行组织;唤醒长时记忆中的旧知识。而且,因为工作记忆的容量有限,所以又引出一个关键性任务:控制认知负荷。

 思考题

2020年新冠病毒肆虐,学生不得不在家中上网课,教师通过网络视频给学生授课,那么将来网络视频课可不可以替代教师的面授?请用第三讲和第四讲学到的知识来回答这个问题。

第六讲　对信息的加工

导　语

我们将课堂教学过程分为五个阶段：预备—输入—加工—输出—反思。上一讲我们已经知道，在输入阶段，学习者要将新信息输入到工作记忆中与原有知识进行融合，并永久贮存在长时记忆中。可是，整个过程并非那么简单，信息加工理论认为，新的学习内容进入工作记忆后，需要进行加工才能进入长时记忆被永久保留。

那么，我们如何理解"加工"呢？是不是一个半成品到我们手里加工一下就变成"成品"，是不是有一个统一的模子作为加工的标准？不是。这里的加工不是工业或手工业意义上的，而是要做"信息论"上的解释。

如果人类没有发明计算机，可能就不会有"信息加工理论"了。认知心理学家们发现，用计算机程序描述人类思维和学习方式，很有解释力。这种将人的认识活动与计算机一一对应的方法被称为"计算机模拟"（computer simulation）。所以，要理解认知理论，特别是信息加工过程，就要了解计算机的相关概念和原理。

计算机接收外部信息后，要对这些信息进行编码，这种由"0"和"1"组成的二进制数是计算机语言的基础。所谓加工，本质上就是以信息的编码为基础的。如果未经编码，新信息就无法被学习者理解，那就是死记硬背了，而死记硬背的信息容易丢失，很难贮存在长时记忆中。

在学习的加工阶段，加工意味着"编码"。编码是计算机术语，意思是信息从一种形式或格式转换为另一种形式的过程，计算机是借助自己的语言来完成运算的。我此刻在电脑面前写作，写作时输入的每个字，电脑都要进行解码，而后重新进行编码并转换成"计算机语言"，不仅是文字，声音、图像、视频都要完成转换才能被解读和储存。

那么，人的大脑又是如何完成对新信息的重新编码呢？以及我们做什么样的教学设计可以帮助学习者更好地编码呢？

这里要强调加工阶段的教学要掌握三个要点：以问题开始，以对话维持，以反思检视。

第一，以问题开始。课堂提问，尤其是需要调动学习者高水平认知的课堂提问，能促进学习者对概念和原理做出深度加工。复诵（记忆）显然属于浅加工，而分析、综合和评价，尤其是创造性解决问题则属于深加工。教师还要设计和布置有效的练习任务。练习与提问在促进学习者的深度加工方面，功效是一致的，但与课堂提问又有所不同。

此外，教师还要训练学习者自己提出问题。大量的研究表明，训练学生给自己提出高质量的问题，能够显著提升学习效果。

第二，以对话维持。在加工阶段，教师应让学习者解释在解决（解答）问题时他们的每一步思考，并鼓励他们通过对话、写作、画画或其他呈现方式把自己的思维过程表达清楚。研究表明，要求学习者对自己解答的每一步做出解释，比单纯的解答问题，能产生更深入的理解。研究者建议，不仅应该要求学生做出解释，教师（或学习者同伴）也要就学生对各个步骤的解释的准确性做出反馈。

有声思考和发声"解释"，其实是在逼迫学习者将内隐的编码过程"外显化"。课堂中的对话实际上就是在完成"外显编码"。而学习者与学习者之间的对话，比学习者个体与教师之间的对话，显然效益更高。因此，在加工阶段，教师要给学习者提供合作学习的机会。

第三，在反思中检视。教学过程中的最后环节是"反思"。要鼓励学习者在学习过程中，尤其是对自己的知识加工和对话活动保持自我觉知，不断检测自己的观点。

了解了加工阶段教学设计的理论基础，接下来我们将用六、七、八三讲的篇幅与大家做具体讨论。第六讲主要讲对不同知识种类的加工编码方式；第七讲主要讲通过提问来促进学习者对新信息做深度加工；第八讲主要介绍课堂对话，尤其是长时间和主题性对话：合作学习。

记忆术：对事实性知识的编码

我们已经知道，有些知识是事实性知识（事实和程序），有些知识是概念性知识（概念和原理），在加工阶段应使用不同的方法对这些知识进行编码。

下面我们分别就事实性知识中的"事实"和"程序"，来分别看一下有效编码有哪些好方法。

1. 事实（事实和符号）

对"事实"的编码，卡图纳针对事实知识的学习做过一个对比实验。这里有两行数字：

581215192226

293336404347

被试者分为两组，一组为意义识记，主试告诉这组被试者，这些数字的排列是有规律的，请你努力找出规律再来记忆；另一组为机械识记，主试告诉这组被试者，学习这些数字的最好方法，就是以三个数为一组来记。这两组在学完后半小时接受同样的测验，结果是意义识记组的记忆率保持在38%，机械识记组保持在33%，记忆的效率差不多。可是在三周后进行第二次测验，意义识记组的记忆率保持在23%，机械识记组的记忆率为0%。这表明，意义识记有助于长时记忆。

通过这个实验，我们已经知道，帮助学习者对"事实性知识"进行编码，不要孤立地去记，而要让他们找出事物之间的关系，即所谓的"有意义识记"。

我们可能都听说过"记忆术"，记忆术的奥秘就在于将看似毫无关联的事实知识组织起来，帮助学习者完成"有意义识记"。根据认知心理学的观点，人的编码储存方式有两种，一种是使用言语—序列储存来编码，还有一种是使用映像—空间储存来编码。用简单的话说，记忆术就是利用视觉表象，或者是寻找语义之间的联系，从而完成对新信息的编码。

比如说，你正在学习如此枯燥乏味的教学设计，那么多抽象的概念、原理，都是以言语—序列储存的方式来编码的；而如果听故事、追美剧，则相对轻松一些，因为具体的、形象的词汇和语句同时在使用两套编码方式，既可以有言语—序列的编码，也可以有映像—空间储存的编码。研究发现，具体、形象的材料的理解和提取要远比抽象材料容易。

现在你知道记忆术的奥秘了吧？在记忆名词、种类、系列或项目组等事实性知识时，记忆术非常有用。根据记忆术的原理，人们创造了不少记忆术，比较流行的有位置记忆法、首字联词法、视觉联想法和关键词法等。

比如说"位置记忆法"，编码方法是这样的：在学习者头脑中创建一幅熟悉的场景，在这个场景中标注一个又一个特定的点，通过这个方法将所要记的项目全都视觉化，在回忆时，只要提取出熟悉的场景，那么你所记的全部项目也就被提取出来。这里讲个故事，帮助你更好地理解这种记忆术。古希腊有个诗人叫西蒙尼德斯，有一次他在一个大宴会厅里朗诵一首赞美卡斯托尔和波拉克斯两位大神的抒情诗，朗诵完之后，他被两位大神叫出宴会厅外。正在这时宴会厅塌了，厅内宾客无一幸存。一时间尸体模糊，亲属难辨，而西蒙尼德斯却能根据各人在宴会厅里的座位而一一把尸体辨认出来。西蒙尼德斯的记忆力怎么那么好？有什么诀窍？现在我们都知道了，那是因为"位置记忆法"这种编码方式发挥了作用。

如果你教的是"事实性知识"中的事实或符号，建议同时教教学生记忆术，或者让学生自己寻找记忆方法，这能显著地提高编码的速度和准确率。

不过这里要提醒大家，不要相信记忆力训练。一些早教机构宣称通过他们的训练，学生的记忆力会明显提升，这是利用了公众对记忆的误解。没有孤立的所谓记忆力，掌握了有关唐诗的记忆术，你可以记住那几首唐诗，但不等于你能记忆所有唐诗，更不等于你能记忆英语单词，因为唐诗的编码方法和英语单词不同，而实际上不存在通用于任何领域的编码方法。你夸围棋高手记忆力强，过目不忘，可他们过目不忘的只是围棋。换作郑杰，对教育理论过目不忘，对围棋却健忘得很。

2. 程序（链锁和算法）

对"程序"的编码相对比较简单，因为程序类的知识总是伴随着技能方面的练习。为了促进程序知识的编码，关键是用概括化的术语标示出每个步骤以及程序的名称，而且越形象越好，越简约越好。

比如教太极拳二十四式，一起势；二（左右）野马分鬃；三白鹤亮翅；四搂膝拗步；五手挥琵琶……

再比如数学中的"因式分解"：一提（公因式）二套（公式）三分组，细看几项不离谱，两项只用平方差，三项十字相乘法，阵法熟练不迷糊……

相对而言，事实性知识，无论对"事实"还是对"程序"的编码，都属于"浅加工"，接着我们要介绍"概念性知识"中"概念"和"原理"的编码，就要准备做"深加工"了。

举个好例子：对概念的编码

我们已经知道，在加工阶段，教师可以使用"记忆术"等方法，帮助学习者对事实性知识进行编码。相比于事实性知识，概念性知识在知识的金字塔中更"高级"，也更抽象，就不能像事实性知识那样简单教。因为概念性知识不能仅仅满足于让学生知道和记忆，还要让他们理解并能够迁移，这就对编码方式提出了更高要求。

根据对知识的分类，我们知道概念性知识可分为"概念"和"原理"。接下来，先和大家谈谈"概念"的学习，然后再来讨论"原理"的学习。

你教给学生一个概念，先是输入，而后到了加工阶段，这一概念的相关信息就进入到了工作记忆中，等待着与学习者原有的知识经验汇合。这个阶段，教师如何帮助学习者进行编码，让新信息顺利进入长时记忆呢？根据认知理论，我们的一项主要工作就是"举例子"。

举例子是一种说明方法，用来说明所要教授的概念。为什么举例子是一种对概念进行编码的好方法呢？那是因为概念本来就是从事实中抽象出来的，举例子这种编码方法实际上把抽象的概念还原到具体事实，这有助于学习者更好地理解。越是抽象的概念，学生在理解上越可能存在较大的困难，就更需要通过举例子的方法来详加说明。

不是所有的例子都能确切说明某个概念的，你举出的例子要有代表性，而且要恰当。有代表性想必不难，就是你的例子应该体现这个概念的关键特征；难度在于恰当，也就是你举出的例子应符合学习者的原有知识经验。

比如说，我要教"学习"这个概念，在输入阶段，先给学习者呈现一个新信息"学习就是个体与环境接触，获取经验，并产生变化的过程"；进入加工阶段，我要给出一个例子，我说："昨天晚上我和朋友们喝酒，喝高了，不省人事，丢了很大的丑，第二天一早，我对着马桶吐完，指天发誓，这辈子再也不喝酒了。"

你看我这个例子好不好？我自认为不错，因为这个例子有代表性。所谓代表性就是这个例子反映了学习的关键特征：特征一，"个体与环境接触"，这个例子中，环境里有酒有朋友；特征二，"获取经验"，我喝多了，当然获取了惨痛的"经验"；特征三，"产生变化"，我对酒的态度发生了360度的变化。所以说，这个例子很有代表性，通过这个例子对"学习"这个概念进行了编码，可以帮助学习者更好地理解。

可是，这个例子"恰当"吗？

恰当不恰当不是由教师说了算的，而是要看这个例子与学习者原有的知识经验是否契合。喝醉酒的例子对成年人来说很恰当，可是，对着小学生举出这样的例子就很不妥当。好的例子应该与学生原有的知识经验契合，更确切、严格地说应该用另外一个术语"图式"，即恰当的例子应该符合学习者的图式。

什么是图式？所谓图式，就是头脑中的认识结构，也就是一个知识的网络，这个网络是围绕着某个主题组织起来的。比如说我们头脑中有"猫"的概念，以猫为主题，我们通过观察，构建了一个知识网络：四条腿，有尾巴，毛茸茸，长胡子。

大家要注意，这个关于猫的知识网络，其实是简化版、压缩版的现实，关于猫的很多细节都被省略掉了。你从小见到猫，不由自主地会对猫的所有信息进行压缩，压缩到只有四个词，如果不压缩，那么关于猫的知识网络有可能过于复杂，我们的头脑不能接受信息过载，会崩溃的。毕竟猫只是我们生活中的一个微不足道的小概念，大脑不允许它占太大的内存。

那图式起什么作用呢？图式是专门拿来与现实世界的万事万物做"比对"用的。我们在街上看到一个小动物从身边窜过去，就会迅速提取贮存在头脑中的各种各样的图式与之比对，比对下来发现这个小动物也是"四条腿，有尾巴，毛茸茸，长胡子"，你马上得出结论，那是猫！你想，大脑运作起来很费能量，要是图式过于复杂，肯定会影响判断速度的，所以，人类大脑发展出一种对信息做压缩处理的策略。

夏洛克·福尔摩斯和华生医生有什么不同？到了犯罪现场，福尔摩斯带着"图式"来的，之所以他能表现出极强的观察力和记忆力，并非因为他比华生更博学或更聪明，而是因为他能够准确地判断出哪些信息能够帮助他找到犯人，并把这些信息牢牢地记在心里。而华生也是带着他的图式来的，可在侦探领域，他的医学方面图式再丰富，也基本上是"废纸"。

再来看看棋手，他们也未必就比一般人更优秀，面对一盘毫无战术意义的凌乱棋局，他们也可以毫无障碍地记下来，是因为他们头脑中已经预存了成千上万的棋局，他们只做比对的工作，只需要判断这盘棋局和头脑里哪个图式相对应。我们外行看得眼花缭乱，而行业内看来，也就那么回事。

你到餐厅吃饭，有个拿着本本穿着制服的姑娘走到你面前，你立刻就知道她是服务员，是来让你点菜的，而不是来向你要饭的。我们会把个别刺激物（餐厅、制服、菜单）放在一个预存的认知结构中去认识，这个预存的认知结构即图式，现在你明白了吗？

因为图式是简化版和压缩版的现实，所以很可能出错。比如说刚才关于猫的图式，如果关于猫的主题构建起来的知识网络是"四条腿，有尾巴，毛茸茸，长胡子"，在大多数情况下，你拿着这个图式去比对现实中的动物，都是对的。可是有一天，你去动物园，指着一头老虎说："这是猫！"这就错了。错在哪里？错在遗漏了其他信息，而被遗漏的信息也许很关键，比如猫逮老鼠、高冷、会爬树、小巧等。

因为图式的这些特点，人很容易发生"认知偏差"。比如说，你觉得上海人很"小气"，这就是一个图式，是简化版和压缩版的上海人形象，这个图式从哪里来的？是通过直接观察或间接观察（道听途说）得来的，可后来你结识了郑杰，发现这个上海人并没有你认为的那么小气。这就是关于上海人的"认知偏差"。

发生偏差怎么办？皮亚杰认为，有两种心理机制会发挥作用，一是"同化"，二是"顺应"。

先来说说"同化"。皮亚杰认为，同化就是"主体将环境中的信息纳入并整合到已有的认知结构的过程"。同化过程显然有利于加强并丰富原有的认知结构，但是，前提是原有的图式必须是正确的。如果图式本身是错误的，因为同化机制在起作用，导致坚持自己的图式，那就会对外部世界做出错误的理解。

同化机制容易发生的错误是，当发现外部输入的新信息与自己的图式比对不上，人们却不愿意改变原有的图式，而是将与图式不一致的信息"过滤"掉，只选择与自己图式一致的信息来丰富和强化自己原有的图式。比如说有人形成了"男人都不是什么好东西"的图式，就会倾向于过滤掉支持"男人是好东西"的信息，而且在生活中不断收集更多支持"男人不是好东西"的新信息。这是因为，图式一旦形成，具有相当的稳定性，图式决定着我们做信息选择时相应的内容和倾向偏好。

调查发现，虽然几乎所有人都学过天文地理，可是据调查，依然有60%以上的人认为太阳是围绕着地球转动的。因为错误的图式在儿童时代已经形成，无论向他们灌输多少次正确的知识，只因为与其图式不符，人们都会在潜意识中选择无视这些事实，甚至很多时候，会对正确的信息进行歪曲，以使其符合自己的图式。所以，错误图式一直妨碍着正确理解。这也提醒我们，不能一味迎合学习者的图式，更不能强化他们的错误图式。与学习者原有的图式契合只是一个起点，而非我们的目的。

说完同化，我们再来说说"顺应"。皮亚杰说，顺应就是"当主体的图式不能适应客体的要求时，就要改变原有图式，或创造新的图式，以适应环境需要的过程"。比如说，如果到动物园里发现那是老虎而不是猫，"顺应机制"发挥作用，人就会修正自己原有的图式，于是围绕着"猫"这个主题，发展出新的认知结构，学习就发生了。

一个有意思的现象是，在遇到图式与现实比对不上时，年轻人会倾向于"顺应"，而中老年人会选择"同化"，所以顽固、守旧可能是一个人不再进步的征兆，也是一个人"大脑年龄老化"的征兆。

我们讨论了加工阶段如何对"概念"进行编码更有效的原理，知道"举例子"是讲概念的好方法。最后，再提一下对概念进行加工时常用的"打比方"（比喻）的方法，这也是一种很不错的对概念进行编码的方法。和举例子一样，打比方也是将概念还原为"事实"，而且也要契合你的图式。但是，打比方的效果不如举例子，因为比喻是一种修辞方法，这种方法利用两种不同事物之间的相似之处进行比较，以突出事物的特点，但是在精准度上还是差很多。

假如要教"生活"这个概念，举例子的方法就是讲完概念后给你看各种各样的生活样貌；而打比方的方法，我就会说，什么是生活，生活就像一条河。

再举个例子，我为了说明图式的作用，举出三个例子：福尔摩斯破案、棋手下棋和你在餐厅点餐，我如果用打比方的方法，也许会把图式比作一张地图，可是这个比拟是很粗糙的，事实上对图式这个概念也很难找到完全贴合的比拟。所以，用打比方做编码工具，最多只能算作是个补充。

现在我们知道了，对概念的教学，设计一个有代表性和恰当的例子，对学习者理解这个概念是很有裨益的。

多种方法和多次编码

概念教学过程中最为关键的步骤就是"加工"这道工序。认知理论认为，加工的本质就是通过编码帮助学习者建立新的图式，而任何新的图式都是在旧图式的基础上整合而成的。

这里要特别强调的是，概念的编码要遇到的一个大问题就是，旧图式一旦被启动，就会像程序一样被严格执行下去。当人们面对信息缺失时，更可能选择填充一些与他们的图式相一致的信息进去。因为人们会过度接受那些与旧图式一致的信息，不愿丢弃和修改他们已有的图式，因此，任何对概念知识的成功编码，都需要使用各种编码方式，并增加编码的次数。研究发现，通常信息编码的方式越多，编码的次数越多，学习效果就越好。

我们已经了解到，概念编码最好的方式就是举例子，这是最有可能促进旧图式发生改变的一种方式。因此教师在做教学设计时，不仅要举例子，而且要举多个例子；不仅要举多个例子，而且要举出不同性质的例子。

概念编码要经历三个阶段：呈现、区分和拓展，这三个阶段中，对例子的要求有所不同。在呈现阶段，要举出有代表性的恰当的"正例"；在区分阶段，要给出容易与所教授的概念相混淆的"反例"；在拓展阶段，要举出与本概念相类似的其他概念的例子。

比如，爸爸在开车，孩子在边上，听到收音机里讲到"诱因"这个词，孩子问爸爸："爸爸，爸爸，什么是诱因呀？"爸爸是懂教育的，一下就能判断孩子对学习"诱因"这个概念有了内部动机，他的好奇心起来了。根据教学五阶段理论，第一阶段"预备阶段"的任务，宝宝已经完成；接着，爸爸开始将孩子直接引入第二阶段"输入阶段"，输入阶段的主要任务是锁定孩子的注意力，用结构化方式呈现这个概念，并降低他的认知负荷。于是爸爸说："孩子，你猜一下，什么是诱因，允许猜三次哦！"通过让孩子"预测"，提高了孩子的注意力水平，同时爸爸在探测孩子对诱因这个概念是否已经了解，然后向他呈现一条结构化的知识"诱因是导致某种结果的直接诱发原因"。到此，输入完成。可是，不能让孩子直接背诵这个定义，否则就是死记硬背。接着要进入

"加工阶段",帮助孩子完成编码,使"诱因"这个概念植入孩子的图式。

对概念的编码要经历呈现、区分和拓展三个阶段。在"呈现"这个环节,爸爸就要先呈现一个"原型例子",这个例子应该有代表性,而且要与孩子的旧图式契合。在呈现环节,教师给学习者提供的例子被称为"原型例子",主要的功效是"降维",也就是将抽象的概念下沉到可见的事实层面。爸爸说:"爸爸现在正在开车,你问爸爸什么是诱因,爸爸为了回复你的问题开车分心了,这就闯了红灯,问爸爸问题就是爸爸闯红灯的诱因,你明白什么是诱因了吗?诱因就是爸爸闯红灯这个结果的直接诱发原因。"孩子高兴地回答"我明白啦!"可是,爸爸千万不要高兴得太早,因为孩子的"旧图式"可不是那么容易修正的,因此,需要多次编码。

接着爸爸就要举出"匹配反例",帮助孩子将"诱因"与"非诱因"区分开,爸爸接着说,"上一次爸爸在开车,你问爸爸什么是离合器,爸爸就没有闯红灯,同样是回答你的问题,为什么上一次回答爸爸就没有闯红灯呢?"孩子陷入了沉思,因为孩子的头脑中发生了"认知冲突"。

请大家注意,"区分"这个环节特别重要,因为日常教学中我们会发现,当学生已经熟悉某一概念,他们可能认为自己已经懂了,可是实际上他们并没有真正理解。为了防止对知识的误解,教师就要指出概念中出乎意料的、不一致的或似是而非的方面,通过提醒学习者注意非同寻常或奇异怪诞的方面,可以让学生注意一些不遵循普遍概念或原理的"例外",或者可以给学生一个挑战性任务,破解似是而非的语句所隐含的"秘密"。这种方法,不仅适用于概念教学,也适合于我们之后会讲到的原理教学。

爸爸给孩子提出的这个问题,引发了孩子的认知冲突,接着讨论就开始了,在这个环节中,讨论是必须的,而且是开放的,不必有标准答案。通过讨论,宝宝加深了对概念的理解,他们知道了"根本原因"和"诱因"不同,根本原因是"爸爸开车不专心",外部一切干扰都只是"诱因"。

通过这个环节,孩子似乎理解了"诱因"这个概念,可是也只是"似乎",爸爸为了确定孩子是否真的理解,接下来就可以考考孩子了。如果爸爸发现孩子依然没有真正理解,那就要继续"呈现"和"区分",继续举出"原型例子"

和"匹配反例"，直到孩子掌握。孩子掌握了"诱因"这个概念，教学完成了吗？还没有，为了彻底修改旧图式，还有一道工序是"拓展"，只有经过拓展这个环节，学习者才有可能发展迁移能力，将所学知识运用到新情景中。

爸爸接着说，你已经学会"诱因"这个概念了，那你能说说什么是"根本原因"吗？再挑战一下，问孩子知道原因和理由的区别吗？爸爸提这些问题，使孩子有机会学会自己给某个概念下定义，要知道理解诱因这个概念还不是最重要的，最重要的是掌握给概念下定义的方法，这就使概念学习成为提高能力的活动。在拓展阶段，教师要拓展的是与所教概念相邻的概念，比如说，与"诱因"相邻的概念是"原因"，与"原因"相邻的概念是"理由"。要拓展到多远，是根据具体情况而定的。

以上我介绍了在概念学习中，如何通过举多种例子来帮助学习者多次编码。这里要强调一下，举例子只是各种编码方式中最常用也是最优的一种，并不排除使用其他方法，比如改写定义、用自己的话解释、类比等都是不错的方法，越是认知级别高的概念，特别是概念中的"定义概念"，就越是要使用多种编码方式，对新信息做多次编码。

归纳策略：对原理的深度加工

概念性知识中的原理可以被认为是知识中"最高级别"的知识，抽象程度高，智力含量高，也最能够实现迁移。

我们再来温习一下什么是原理，以及原理在知识中的价值。全球暴发新冠病毒疫情，这是一条知识，是知识中最底层的一种，属于事实性知识；"如何防止病毒传播"，这是一条程序知识；"什么是病毒"，这是一条概念知识；"病毒是如何传播的"，这是一条原理知识。

全球爆发新冠病毒疫情，这条知识怎么教？讲授一下即可；怎么教"如何防止病毒传播"这条程序知识？精讲多练；关于病毒的概念怎么教？举例子说明，而且还要举"细菌"的例子，使学习者更好地"区分"。至于"病毒是如何传播的"，这是一条原理，我们应该怎么教呢？

我们先要搞明白原理的构成，原理是那些带有规律性的知识，以新冠病毒为例来说，新冠病毒的传播存在三种但不限于三种途径：接触传播、飞沫传播、气溶胶传播。这是一条原理知识，一般能表述为"如果……那么……"，并呈现出"因果关系"。我们把关于病毒的知识代入一下，"如果存在接触、飞沫、气溶胶"，"那么新冠病毒就传播了"。

除了搞清楚原理知识的构成，我们还要意识到，原理是要被使用的，你知道全球暴发新冠病毒疫情这条知识，其实没什么用；你理解什么是新冠病毒这条概念知识，丰富了你的知识库，让你更博学，其实也没有太大用处；你知道病毒是怎么传播的这条原理，用处就大了。钟南山的价值为什么那么大？因为他掌握并会使用原理知识。顺便提一下，生物学家分两种，一种是博物学家，掌握一大堆知识，能辨别很多物种；还有一种是科学家，是发现规律（原理）的，比如说达尔文，他未必有博物学家那么博学，可是只需凭一条进化论原理就能把很多博物学家比下去了。诺贝尔科学类奖项永远不会表彰掌握更多事实和概念的人，而是颁发给发现因果关系的人。屠呦呦的团队发现"青蒿素能治疗疟疾"这条原理，所以很了不起，获得诺贝尔奖当之无愧。

因为原理是被使用的，所以教授原理就一定要考虑为学习者的知识"迁移"做准备，这就要对原理进行深度加工。钟南山不仅知道武汉有新冠病毒，还知道什么是新冠病毒、病毒的种类以及它的传播途径，于是开口说话了。他提的建议为什么我们都会认真听，因为他掌握病毒的原理而且能将这些原理迁移到复杂的情境中。

教学生某条原理，显然不能快速灌输，因为堆积大量知识内容，往往会阻碍学生掌握原理，更可能阻碍即将产生的迁移。那么，怎么教原理才能有效呢？只有一种方法，简单地说就是"从真实世界里来，到真实世界里去"。具体来说，就是要让学习者明白，这条知识是如何产生的，这条知识如何以及何时可能被使用。

这里要跟大家说说"演绎"和"归纳"这两种教学的策略，并来比较一下，哪一种策略有助于原理知识的理解和迁移。

演绎策略是从一个已知的原理开始，有意识地指向未知的教学途径；而归纳策略是从未知的领域开始，有意识地指向已知或未知的教学途径。归纳策略下，教师要给出一个问题情境，而后通过学习者的努力，自己去得出结论。如果这个结论是"有定论"的，那就是"发现式教学"，如果结论是未知的，则是"探究式教学"。

假定教师这堂课要教授"病毒传播的途径"这一原理知识，用演绎的策略是这么教的：第一步预备阶段，引发学习者动机；第二步输入阶段，给出这条原理知识；第三步进入加工阶段，教师向学习者解释这条原理，通过举出实例来说明这三条传播途径，所举例子有原型例子也有匹配反例，而后通过讨论和多次编码，学习者终于理解了这条知识；第四步输出，让学习者在另一个真实或模拟真实的场景中运用这条原理，以实现对知识的迁移。演绎策略是直接、具体地接受知识的一种教学策略，直接、明了地指向了课堂教学目标。

与演绎策略相反，归纳策略则是使用间接的方式进行教学。第一步激发动机；第二步，输入阶段，呈现一个真实的场景，比如：新冠病毒疫情在全球暴发，病毒是怎么传播的呢？（使用归纳策略，第一步和第二步往往合并）；第三步，加工阶段，让学习者自己去研究，得出结论；第四步，输出阶段，让学习者发布研究成果。请大家注意指导发现式和探究式的区别，指导发现式最终输出的是"三条传播途径"，而探究式是要研究出"三条以外的其他可能的途径"，因此，在第三步加工阶段，面对两种教法教师的任务有所不同，指导发现式重在指导，教师在学生自主发现过程中要给出支架，而探究式教学中教师的主要工作是给出资源和条件，成为学习者探究活动的组织者、帮助者和促进者。

演绎和归纳这两种教学策略有什么区别？以及这两种策略是如何促进原理学习的呢？

第一，是否进行了预编码？

演绎策略下，教师对知识进行了"预编码"。所谓知识预编码，是指知识在传递给学习者之前就已经被外部权威（如教材、教师）以固定的结构或模式预先编码。之前我们讲过的事实性教学中的"记忆术"就是一种完全的预编码；概念教学中的"举例子"，尤其是那些更好地契合学习者旧图式的例子，属于半完全的预编码。而归纳策略下，教师将编码的权利完全交给了学习者。

认知理论认为，知识被预编码然后传递给学习者的策略，可以加速新信息与旧图式的联结和整合，并且操作简便。但是，预编码其实弱化了学生的信息加工过程，减少了学生自己通过思维活动进行加工的程序，那么进入长时记忆中的新信息也就只是静止的、呆板的，也就很难或者不能被迁移。

因此，预编码虽然对庞大的事实性知识和概念教学有一定效果，但是对原理的学习，却起了妨碍的作用。

第二，是否给学习者参与机会？

演绎策略下，知识是由教师编码后传递给学生的，无论是"记忆术"还是"举例子"，学习者基本上是被动等待和接受教师提供的预编码。而归纳策略下，学习者主动参与，他们自己收集信息，用自己的方式编码，然后寻找合适的输出方式。学习者最大限度地参与到发现和探究活动中，所以对新信息的加工编码更为有效。

第三，编码是否外显？

演绎策略下，学习者在加工阶段的编码过程主要是内隐的；而在归纳策略下，编码过程是外显的。这两种编码方式的区别在于，外显方法能引发可见的活动，而内隐方法在促进认知的过程中，可能并没有什么可观察的外在行为表现。比如学习者一边学习一边向自己提问，属于内隐方法；而师生互动、生生互动，则属于外显方法。建构主义认为，外显方法显然更为有效。

总而言之，原理教学要使用归纳策略，采取间接教授的方式，教师要减少"预编码"，给学习者更多参与机会，通过师生互动促进外显编码。

本讲小结

教学五个阶段中最为关键的一个环节是对知识的加工和编码。这一讲是加工阶段的教学设计的第一部分，主要给大家讲述不同知识类型的教学如何完成加工编码。

在事实性知识的教学中，教师可以通过"记忆术"这类预编码的方式，帮助学习者将新信息植入长时记忆中；对于接受式和直导式教学，在教授事实性知识时的优势在于因提供预编码而大大节省了教学时间。

概念性知识分为概念和原理，概念和原理的学习都需要学习者理解，都需要通过"举例子"（不仅限于此）的方法，这就涉及旧图式对新信息的"同化"和"顺应"，需要多次编码；相比概念，原理的学习格外要重视加工程序，因为原理需要迁移，所以不能像教授概念那样仅仅停留在"理解"上，而要做深度加工，这就需要使用指导发现式和探究式的教学方式。

我们还了解到内隐编码和外显编码两种编码方式，下一讲我们深入探讨如何通过课堂提问促进学习者对知识做深度加工。

 思考题

为什么在一些资优生占多数的学校，教师即使在教授概念和原理的时候依然使用讲授法，学生们的学习成绩照样可以很好呢？请结合这一讲的内容谈谈你的看法。

第七讲　课堂提问技巧

导　语

新信息要从工作记忆进入长时记忆，就要与旧知进行整合，整合的过程中，需要多次编码。对于事实性知识，多次编码只要简单复诵即可，但是对概念和原理的编码，则要做更深度的加工，使学习者对当前学习内容所反映的事物的性质、规律，以及该事物与其他事物之间的内在联系达到较深刻的理解。

为什么深度加工需要强调课堂提问？那是因为提问能激发学习者的思维活动，编码本质上就是思维活动。不过，并不是所有的提问都能激发高水平的思维活动，只有那些高质量的提问才有可能激活需要耗费"高能量"的思维活动。而高水平思维活动之所以是必须的，是因为如果不能启动分析、综合、评价等认知层次上的思维活动，学习者的旧图式很难改变；如果编码达不到"精细"水平，对新信息的理解就有可能发生偏差，而迁移也会变得很困难。

我们为什么特别强调外显编码，一个很重要的原因在于，教师在课堂提问后，学习者必须将自己的答案告诉大家，不仅告诉大家思考的结果（答案），更重要的是呈现了思考的过程。将思考过程表述出来，被称为思维活动的"外部化",将思维活动做外部的呈现,显然有利于"精细加工",提高了对新信息进行加工和编码的质量。一些学生语言表述不清,实质上是思考(编码)质量不高造成的。同时,学习者充分展现他们的思维活动过程,也为其他学习者提供了对新信息进行更高水平编码的参照系。

不过,我们不能将教师提问当成"考问"甚至"拷问",因为提问的本意是激发思考并促使外显编码,但是如果提问变成考问,会导致师生关系不平等。教师对课堂活动的强势主导,有可能反而抑制了学生的正常思维活动,学生们从教师的"威压"中学会了做"应声虫",将导致编码活动中止。

这里还想要补充说明的是,课堂提问应该贯穿于教学的全过程。在不同的教学阶段,提问的功能不同:预备阶段的提问用于激发动机,输入阶段的提问用于使学习者集中注意力,加工阶段的提问用于促进精细编码,输出阶段的提问用于对学习者的学习成果进行评估,而反思阶段的提问则帮助学习者提高元认知能力。这一讲,我们主要讲加工阶段的课堂提问,不等于说提问的其他功能和方式不重要。

课堂提问是教师专业技能中特别重要的一项,教师要提高课堂提问技能以开启高水平课堂对话。接下来我们就要深入探讨加工阶段的提问设计。

引发思考而不是勾起回忆

加工阶段的课堂提问不是"考问"或者"拷问",不是让学生回忆已经学了什么,而是要激发他们积极的和高水平的思维活动。这里要特别强调的是,我们不能将思考等同于回忆,虽然思考需要提取已经存储在长时记忆中的内容,但思考的本质却是对未知领域的探索。布鲁纳认为,好的问题"是那些引起思维困惑的、颠覆显而易见或权威'真理'的,或是引起不一致观点的问题"。所以,加工阶段的教学设计重在抛出一个这样的好问题。

那我们应该如何提出这样的问题呢?

教育心理学家瑞伍提出了五个激发学生思考的策略,这些策略是:

(1)制造悬念。制造悬念策略就是把学生的注意力集中在没有确定答案的假设或问题上，这些假设或问题具有挑战性。

（2）让学生猜测，教师提供反馈。这个活动要求学生回答关于某个主题的具体问题，问题应当与重要知识有用地结合起来，而且要能够引出多种回答，以便大部分学生发现他们只正确回答了一部分。瑞伍认为，如果他们的猜测是错误的，那么，这种错误猜测就会激发他们对正确知识的好奇心，从而促使他们更多地去了解。

（3）充分利用学生的原有知识，激发他们的求知欲。在大部分学生都以为自己学会了，对某一内容感觉乏味或自鸣得意时，教师可以提出一些出乎学生意料的问题，以重新激发学生的好奇心和兴趣。

（4）引起争议。这一策略要求教师引发学生对某一问题发表有争议性的意见，然后鼓励他们通过讨论解决这些意见分歧。

（5）制造矛盾。在学生已经获得了许多信息，能够明确地得出结论的时候，可采用制造矛盾这一策略。此时，教师补充介绍一些与学生所得结论相反的信息，迫使学生认识到，问题比他们原来认为的更复杂，促使他们进行更全面的理解。

下面我们结合对课堂提问的分类，来构想一下好问题的模样。

相比于封闭性问题，开放性问题更有效。比如说，看完电影你问我，"这部电影的主角是谁扮演的？演员年龄多大？"这是封闭性问题，因为答案已经存在，你借助这个问题来考考我，那就在考我的记忆力而不是思考力了。有时候，教师恰恰利用封闭性问题来实现课堂控制，这不利于学习者对新信息的精细编码。如果看完电影你问我，"你觉得这部电影让你印象深刻的是哪个画面？"这个问题是开放的，是一个启发性的问题而不是灌输性的，是对学习者有意义和引导性的问题，而不是机械式的问题，更不是控制型问题。

相比于事实性问题和规范性问题，解释性问题更有效。如果你问我，"合作学习最早是由谁提出的？"这是个"事实性问题"，即要求学习者陈述某一个事实；如果你问，"我刚才讲了合作学习的概念，现在谁能重复一遍？"这是"规范性问题"，这个问题可能与学习内容无关，但可以规范学生的言行，用于维护课堂纪律；如果你问，"合作学习取得这么好的效果，可为什么推行起来却很难？"这个问题属于解释说明性问题，是一个好问题，因为这个问题既要求学生给出结论，又要求对结论做出论证、说明或阐释。也只有需要学习者做出论证、说明和阐释的问题，才能激活思维，激活课堂，促使师生之间、生生之间产生互动。

相比于聚合式问题，发散式问题更有效。聚合式问题多是有一个或一组比较明确的答案，如"什么时间""什么地方""什么人"等问题都属于聚合式的问题，又如"教学设计中提到的行为理论，你能说出代表人物和他们的主要观点吗？"这类问题有助于提高学生的注意力，强化课堂教学中的重点和难点。而发散式问题则要求思维从一个明确的信息转向各不相同但却合理的答案，比如你问，"你发现行为理论中的强化在哪些场景下很不管用？为什么不管用？能解释一下吗？"这类问题有助于激活学生的思维，促进精细复述。

相比于内容性问题，加工性问题的思维含量高，因此更有效。内容性问题是指直接关注所学知识信息，这些知识信息都可以从文本中找到，而且通常在教师脑海中已有了固定答案，内容性问题常与低层次的认知过程相关。而加工性问题不太强调答案的正确性，更多的是关注让学生从不同的侧面思考，或者以创造性或复杂的方式来思考，这类问题能够提高学生的思考水平和解决问题的能力。

从认知的角度来看，"内容性"问题属于低层次问题，学生可以使用现存知识回忆并重述已有知识经验、重组认知结构等形式来回答；而"加工性"问题属于高层次问题，要求学生在已有认知基础上，经过分析、综合与评价，激起他们更加复杂和原创的思考。

我们都已经知道布鲁姆的教育目标分类法，他把认知目标分为六个水平层次：记忆、理解、应用、分析、综合和评价。知识层次的问题是低认知水平的，强调对所学材料的记忆；理解和应用问题是中间层次的，强调把握所学材料的意义，应用于新的情境之中；分析、综合和评价问题是高级层次的，强调将整体材料分解成构成成分，并理解其组织结构，将所学的零碎知识整合为系统知识，对所学材料进行价值判断。

在做加工阶段的问题设计时，应尽可能提出那些需要学习者高水平认知能力的"加工性问题"。下面我们根据布鲁姆的六个认知目标水平，来看看具体应该怎么提问：

（1）记忆水平。比如，"中华人民共和国是哪一年成立的？""《狂人日记》是谁的作品？""请说出人体两种血管的名称"。这些问题都是有固定答案的，很容易就做出正误判断。

记忆类问题，我们一般使用这样的题干：……之后发生了什么？有多少……？是谁……？你能说出……？描述一下在……发生了什么？谁对……说了……？你知道为什么……？知道……的意思吗？什么是……？哪个是对的，哪个是错的？

（2）理解水平。提这类问题的方法主要是要求学生选择恰当的事实，对这些事实进行描述、比较或对照。比如，"等腰三角形和等边三角形的区别是什么？""唐朝的生活与今天的生活有什么不同？""能用自己的话说说彩虹是如何形成的吗？"

理解类问题的题干一般是：你能用自己的语言写……吗？你能为……写一个简短的提纲吗？你认为接下来会发生什么……？你如何看待……？……的主题思想是什么？谁是……的主角？你能区分……吗？……之间有什么不同？你能举例说明你要表达的意思吗？你能为……下一个定义吗？

（3）应用水平。如果你要鼓励学生将已习得的知识，运用到别的问题情境中，或迁移到别的地方，可提应用类的问题。这类问题要求学生把某一规则或方法应用于某一问题，以确定正确的答案。比如"应用已学过的经度和纬度的定义，在地图上找出北京在哪个点上。"

应用类问题的题干一般是：你知道关于……的另一个例子吗？这可能发生在……吗？你能根据特征对……进行分组吗？如果……你会改变哪些因素？你能将这些信息应用于……吗？你会问……问题？根据这些信息，你能制定一套关于……的说明吗？如果你……这条信息对你会有用吗？

（4）分析水平。如果你不仅仅是要帮助学生记忆和理解，而且要弄清知识背后的原因，就要提解释型的问题。比如，"清朝最终灭亡的原因有哪些？""为什么坏血病曾一度是海员的常发病？""导致孩子与父母发生分歧的原因有哪些？"

分析类问题的题干一般是：哪些事件可能发生？这和……有何相似之处？……根本的主题是什么？如果……可行吗？为什么……会发生变化？你能将你的……和……进行比较吗？你能解释一下当……时肯定发生了什么事吗？……如何类似于……？……有哪些问题？你能区分……吗？……背后的动机是什么？……的转折点是什么？……有什么问题吗？

（5）综合水平。当你的目的是为了帮助学生将某种关系或事物以一种创造性的方式进行组合时，可提出综合类的问题。这些问题通常用来发展学生的创造能力，与应用水平问题不同的是，综合水平的问题不要求有标准答案。比如，"假如我们把煤和石油都用光了，你设想会有什么情况发生？""你认为应该怎么做，中国足球队才能进世界杯决赛圈？"

综合类问题的题干一般是：你能设计……吗？你能找到解决……的方法吗？如果你有一套完整的资源，你会如何处理……？你为什么不想出自己的办法来应对……？如果……会怎样？你有多少种方法可以……？你能为……创造新用途吗？……的另一种选择是什么？对于我们怎样……你能给出自己的提议吗？

（6）评价水平。当你的目的是帮助学生通过判断在诸多选择中做出最适于某种固有价值的选择时，可提出评价类的问题。与综合水平的问题相似，评价水平的问题也不要求有唯一正确的答案。比如，"这个单元一共有四篇课文，你认为哪一篇最适合讲给你的父母听？""你认为污染企业就必须关闭吗？由此带来的下岗失业是必须承受的代价吗？"

评价类问题的题干一般是：有解决……的更好办法吗？你能评估……的价值吗？你能为你……的立场辩护吗？你认为……是好事还是坏事？为什么？你会如何处理……？你建议对……做何种改变？你相信……吗？如果……你认为如何？……效果如何？你认为……怎么样？

以上我介绍了布鲁姆的认知目标体系所对应的课堂提问，在加工阶段的教学设计中，应该设计对应高水平认知的课堂提问，以激发学生的思维，即，应该减少让学生做机械、简单的回忆，而多让学生去比较、对照、解释、总结、分析、综合、评价。在高级思维启动后，课堂对话才真正可能高质量地展开，对知识的深度加工也就成为可能。

促进理解的课堂提问

在《追求理解的教学设计》一书中，提供了一个检测学习者是否理解的框架：一个问题是否构成成熟的理解，可以从六个侧面来看，分别是"能解释""能阐明""能应用""能洞察""能神入""能自知"。我认为，这六个侧面，既可以作为对学习者是否真正理解的检测框架，也可以作为促进学习者实现对新信息理解的提问框架。下面，我们来探讨一下这六个侧面。

假如我要教大家合作学习，合作学习的"概念"和"定理"需要经过多次编码才能被理解，那么，我可以这么问：

（1）合作学习真的这么好吗？我们怎么证明合作学习取得了成效？有什么例证？

如果这么提问，就是在要求学习者完成"解释"的工作。什么是解释？解释就是通过归纳或推理，系统合理地解释现象、事实和数据；洞察事物间的联系并提供例证。针对新冠病毒疫情爆发，你这么问："病毒怎么会流行的？"这就是在寻求解释。

以下提问都属于寻求"解释"：如何解释这类事情？发生的原因是什么？我们如何证明？它与什么有关？有实例吗？

（2）虽然合作学习是一种很好的学习方式和教学方式，可是对我的教学有什么意义呢？

如果这么提问，那就在要求学习者"阐明"。阐明是去寻找"意义"，从历史角度或个人角度揭示知识（事件、规则、概念和原理）的特定含义。新冠病毒肆虐，你这么问："过一段时间的居家生活，对我意味着什么？我的生活会有哪些改变？"要是忧国忧民，你还可以问："新冠病毒对我们产业升级带来什么影响？"这是在"阐明"。

以下提问都属于做"阐释"：这意味着什么？它暗含了什么意思？它在人

类经验中的说明或启示是什么？它和我们有什么联系？有什么意义？

（3）合作学习能在我的小学低年级英语课中使用吗？

如果这么提问，那就在要求学习者尝试"应用"。所谓应用就是在各种不同的真实情境中有效地使用和调整我们学到的知识。对于防控新冠病毒疫情，你这么问："消毒方法和过程，在有70多名学生的班级里怎么落实？"这是在"应用"。

以下提问都属于尝试"应用"：如何使用知识、技巧或过程？又在哪些地方使用它们？该如何调整思维与行动来满足特殊情况的需要？

（4）合作学习风靡全球，可是在国内为什么推行不了？合作学习的推行需要哪些前提条件？

如果这么提问，就是在要求"洞察"。所谓洞察就是批判性地看待、聆听观点。面对新冠病毒疫情，你可以这样问："要是当初美国政府及时采取措施，会如何呢？"这就是你的"洞察"。

以下提问都是在"洞察"：这是谁的观点？此观点的优势在哪里？要想使知识明确并被充分考虑，假定的或默认的条件是什么？哪些条件是正当的、有保障的？证据充分合理吗？此观点的优势与劣势是什么？可信吗？它的局限是什么？对于它的局限，我们该如何改进？

（5）为什么合作学习会发生在美国？如果美国不是一个多种族和多元文化的国家，合作学习还能发生在美国吗？

如果这么提问，就是在要求"神入"。所谓"神入"，就是"移情"，在《追求理解的教学设计》一书中，是这么定义"神入"的："能从他人认为古怪的、奇特的或难以置信的事物中发现价值；在先前直接经验的基础上进行敏锐的感知。"我的理解是，能"神入"就是能设身处地思考问题。面对新冠病毒疫情，你可以这样"神入"："如果你是当政者，你会做得更好吗？"

以下提问都是在"神入"：他们看到了哪些我没有看到的？作者是怎么想的？他们的处境是什么？如果我们要理解这件事，需要有什么体验？作家、艺术家或表演者感受、思考或看到的是什么，他们想让我们感知和理解的是什么？

（6）其实20多年前我国就提出课堂合作学习，也知道合作学习促进了学生更好的发展，可是为什么很少有教师想去尝试一下呢？你去尝试了吗？

如果这么提问，就是在促进反思，《追求理解的教学设计》称之为"能自知"，即显示元认知意识；察觉诸如个人风格、偏见、心理投射和思维习惯等促成或阻碍理解的因素；意识到我们不理解的内容；反思学习和经验的意义。比如，面对新冠病毒疫情，你自问，"虽然我是一个普通公民，但我可以为此类悲剧不再上演做些什么，而我做了吗？"这就是在反思。

以下是促进"自知"的反思性自我提问：对自我的认识如何塑造我的观点？我理解的局限是什么？我的盲区是什么？由于偏见、习惯或风格，我容易对什么产生误解？

以上给大家介绍了加工阶段课堂提问如何促进理解的一些设计方法。认知理论特别强调"为理解而教"，而加工阶段又是对知识做深度理解的关键环节，相信以上这些内容会对你有所帮助。

一番问题而非一个问题

以下两种提问方式，都会在一定程度上将学生的思维活动"锁死"：

1. 是／否问题

这类问题像是在搞"智力竞赛"，研究发现，在是／不是这类问题中，往往要求学生在两个答案之间做出简单选择，事实上存在两个风险：

第一个风险，这类问题其实是在鼓励学生猜测。因为，即使学生不知道正确答案，也会有 50% 的几率猜对。如果这类问题问多了，学生很容易开始揣摩教师想要的答案，而不是集中于问题本身。猜测性的问题一般用于课堂起始阶段，以激发学习者学习的动机，使学习者集中注意力，猜测对发挥学生的想象力和让他们参与讨论有用。但是在加工阶段，我们的主要任务是促进多次和深度编码，如果过多使用猜测性问题或使用不当，它们就会使学生放弃深度思考。

第二个风险，选择性问题的思维水平总体偏低。学生对这类问题的回答并不能说明他们是否真正理解了学习内容。

有人认为，这类带有猜测性质的课堂提问，可以对随后要讨论的真正的问题做"热身"，也就是说通过提出这类猜测性问题为提出其他重要问题做准备，在《透视课堂》一书中，作者引用了格拉伊塞尔的观点，认为"这些预备性的问题使讲课重点不清楚，纯属浪费时间。因此，最好首先直接提出真正的问题"。尤其是在加工阶段，更是应该直指问题的核心。

2. 反问和质问

反问句会增加学习者课堂上的不安全感，比如说课堂上教师问，"这个答案那么明显，你难道看不出来？"这时学生一定低下头去，无言以对。这样的提问只是在给学生施加不必要的压力。在课堂上，要是氛围紧张，学生们噤若寒蝉，怕说错话招来教师的批评和指责，思维的质量就不会高。

古希腊哲学家苏格拉底是一个与年轻人互动的高手，他从来不将现成、固定的答案告诉年轻人，而是通过积极的对话，让对方自己得出结论。苏格拉底认为自己在对话中起到了"接生婆"的作用，因此，他的这套特殊的与人辩论的方法被后人称为"苏格拉底法"。

苏格拉底法其实就是一番连续的追问，这给我们的问题设计带来的启发主要是两方面：

1. 阶梯式提问

促进师生对话的问题设计，往往需要就某一个话题设计出一系列问题，这些问题在认知水平上也应该有个顺序。

第一种顺序是，先提出一个高层次问题，然后设计几个低层次的环环相扣的问题，以支持学习者更有效地思考高层次问题。比如说，你提问"假如使用合作学习和传统教学在学生学习成绩上的结果是一样的，你还会使用合作学习吗？"提完这个问题后，你接着问，"大家回想一下，合作学习取得的效果和缺陷，再想想传统教学的优势和弊端，不要忘记再思考一下核心素养方面的要求。"

第二种顺序是，先设计一系列低层次问题，然后再设计一些高层次问题。这种顺序对于引起学生对相关事实的注意、激发他们把这些事实联系起来并概括结论，非常有效。

举个PISA（国际学生评估项目）测试题中的例子，看看国际标准化考试题是如何设计"由低到高"的阶梯式提问的。

学生阅读关于蜜蜂的小册子后，回答以下问题：

（1）蜜蜂舞蹈的目的是什么？（本题考查目标：理解文本的上半部分表达的意义。）

（2）写出三种主要的蜜源。（本题考查目标：重新发现信息，进行文字匹配，不转换信息。）

（3）花蜜和蜂蜜的主要区别是什么？（本题考查目标：根据事实的系列反思其关系。）

（4）蜜蜂怎样以舞蹈方式表达蜂源与蜂房的距离远近？（本题考查目标：重新发现信息，即发现文本外在的信息。）

2. 课堂追问

一般而言，阶梯式提问是可以事先预设的，备课时可以做好充分的设计。而课堂追问则是在课堂中自然生成的，能随机地将学习者的思维引向深处。下面介绍课堂里的七种追问方式：

（1）继续／中止性问题。这类问题是提醒学习者不要偏离主题，而要将时间花在最有价值的方面。如，这是不是我们现在要讨论的问题？我们讨论的目的是什么？为什么要说这些呢？今天的主题是什么呢？讨论的重点是什么？

（2）澄清性问题。在自己没有听明白时，或者可能学习者表述不清时提这类问题。可以这样追问：……是指什么？你是指……还是……？时间、地点、范围是……？能举个例子吗？你是不是在说……？

（3）假设性问题。这是在问学生，他之所以做出某个结论，前提假设是什么。可以这样追问：前提假设了什么？你把什么当成必然的了？这是否存在？是不是唯一的？这是好事，还是坏事？

（4）质疑性问题。这类问题是在问"你怎么知道你是对的？"可以这样追问：你怎么知道的？你从哪里听说的？此人的可信度如何？是否有数据支持？数据是否可靠？有哪些可选项？在什么范围内选？谁来做？

（5）缘由性问题。这类问题是在问："是什么导致了这个结果？"可以这样追问：什么引起的？为什么会发生？触发事件是什么？根本原因是什么？驱动因素是什么？抑制因素是什么？它是怎样起作用的？当出现时会发生什么？这是事情的起因还是仅仅是个相关的因素？

（6）影响性问题。这类问题其实是在关心由此带来的后果或影响。可以这样追问：结论是什么？成果是什么？所以呢？哪种是最好的情形？最坏的情形呢？最可能是什么？有哪些意外后果？积极的？消极的？

（7）行动性问题。这类问题是在问："应该采取什么行动？"可以这样问：我们应该做什么？怎样应对？什么时间完成？这是不是意味着解决了根源问题？是否全面？是否有外部支持？

下面我们小结一下，在学习的加工阶段，为了促进学习者多次编码，就要有连续性的提问，无论是阶梯式提问还是课堂追问，都应该促进师生互动，也只有互动才是真正的对话。

教学生们发问

学习的一个重要的外部特征就是提问，你会看到幼儿特别好问，"这是什么？""这是为什么？"他们为什么喜欢发问？他们的发问代表他们的"认知失调"了。什么是认知失调？认知失调是指个体所面临的问题不能用个人已有的知识去解决或解答，两者产生矛盾时所引起的认知不平衡感。这种心理上的不平衡感，使幼儿感到困惑、举棋不定、无法解答，就会激起他们弥补缺漏、寻求方法、探索答案的积极性。好问其实就是他们在对新信息进行编码的过程中遇到障碍了，正是这些问题驱动他们不断探索新知，不断加深对真实世界的理解。如果他们不再提问，既不向外部发问，也不向内部（自己）发问，那么基本可以判断：学习已经停止了。

在加工阶段，学习者进行提问：如果向外发问，属于外显编码，能启动学生和学生之间的对话，其功能类似于教师的课堂提问；如果向内发问，则属于内隐编码，促进了学习者的自我对话，自我对话是自主学习的一项基本功。大量研究发现，训练学生给自己提出有质量的问题，进行自我对话，能够显著地提升学习效果。尤其是在接受式教学（讲授法）中，如果学习者不能进行自我提问，就基本无法实现编码。在接受式教学中，教师一般不会抽出时间来促进和帮助学习者进行编码的，于是那些自学能力越强的学生，才越有可能从教师的讲授（独白）中受益更多。

弗雷斯和施瓦茨两位研究者从数量和质量等方面对学生的自我提问进行了研究，结果表明，只有半数左右的学生会在课堂上提问；在没有指导的情况下，学生所提出的问题中，有90%都是一些低水平的问题。

我们要教给学生一些自我提问的方法，通过将思维外化的方式，来提高他们在学习的每个阶段都对自己的学习有自我觉知的能力。教师要不断提示学生，学习目前进展到哪一步，每一步的要领是什么；更重要的是，学生能学会自问："我的学习目前进展到哪一步，这一步的要领是什么？"

在预备阶段和输入阶段，学生自我提问：我的注意力集中到今天的学习中了吗？这节课要学什么？上一节课（或上一阶段）学过什么？学完后，我应该能做什么？

在加工阶段，学生要意识到在这个阶段要设法将新信息与原有的旧知进行整合，以获得新的图式。这就需要做更密集的和深入的自问。斯科特·杨在《如何高效学习》一书中，建议学习者从三个方向进行自问：

（1）往深度里自问。往深度里探索，关注新知形成的过程，通过这样的探究活动，可以牢牢锁定新知。往深度里自问的问题一般可以是：知识从何而来？结论来自何处？结论是如何做出的？事物为什么以这种方式存在？

（2）往横向外自问。横向上拓展就是要促使新知与其他知识产生联系。往横向外自问的问题一般可以是：与这个结论相似的结论还有哪些？有哪些地方类似？不同的地方在哪里？对这个问题还有没有其他看法？围绕这一结论有哪些其他的事实？

（3）往纵向上自问。往纵向上提升，就是要用比喻、比较等方法创造性地重构新知。纵向上自问的问题一般可以是：能将这个公式与一个自然事件相联系吗？如果这个结论与一个看起来完全不相关的历史事件联系在一起，你能发现什么类似之处吗？想想看地震的预测与八国联军事件有什么相似之处吗？

在输出阶段和反思阶段，学习者要自问：我做错了吗？为什么会发生错误？学习目标是什么？我达成目标了吗？为什么？我的学习方式对吗？我与他人合作了吗？下一阶段我应该在哪些方面有所改善？

学习的每个阶段，学习者都应该通过自我提问来保持对学习的自我觉知。在加工阶段，学习者的自我提问显然是极其重要的，因为这个阶段，学习者要通过自我提问和回答，完成对新信息的多次编码，以实现对新信息的理解。

这里要给大家介绍亚当·罗宾逊的《如何学习：用更短的时间达到更佳效果和更好成绩》一书中的核心——"赛博学习法"，当学习高手在学习某一门学科的时候，不管有意无意，他们都会问同样的 12 个问题。这些问题是赛博学习法的基础。

问题 1：我的目的是什么？

在阅读之前，你必须知道为什么要阅读，这样在你阅读的过程中，就会知道自己应该留心什么。

问题 2：我已经知道些什么？

在你看完标题但还没有开始阅读正文的时候，作为热身，你应该花几分钟的时间快速写下关于该话题你所知道的所有事情。

问题 3：我要重点关注什么？

开始仔细阅读之前，你需要通过略读文章来知道文章的要点和梗概。

问题 4：接下来所强调的是什么？

你可以尝试一边阅读，一边预测作者接下来要讲些什么内容，让阅读伴随思考。

问题 5：什么是"专业问题"？

每一个科目都会有一套自己的问题，必须牢记这些问题。

问题 6：我能提出问题吗？

当你在阅读的时候，你必须意识到你能从材料中提炼出什么问题。

问题 7：哪些是重要信息？

你必须分辨哪些信息是重要的，值得你把它们写进你的笔记里，主要的判断依据是你的阅读目的（问题 1）。

问题 8：如何进行概述和总结？

在你选择、记录重要信息的过程中，你应该用你自己的话，尽可能简短地来表述作者的意思。

问题 9：如何重新组织这些内容？

记完笔记之后，仔细看看你的笔记，看看文章是如何组织信息的，同时，也想想你是否能够创造合理的新信息组或者信息关联。

问题 10：如何使用图表来说明？

再一次通读笔记，你现在的目标应该是尽可能多地将信息转化成符号或者图表。

问题 11：记忆点是什么？

现在你已经对文章的信息进行了处理，而且也开始理解这些信息，你需要一些技巧来帮助你，确保你能够记住考试所需要的信息。

问题 12：如何将信息与我已知的知识结合起来？

当你阅读笔记时，你应该看看新信息怎样才能够与你已经知道的知识结合起来——并非仅关于这个话题，而是包括其他所有方面。

我们经常教育学生，你们一定要提问。其实学生们的发问，一方面是愿不愿意的问题，另一方面是会不会的问题。我认为，创设课堂平等交流的氛围可以让学生更有发问的冲动，而教他们如何正确发问，是我们教学设计的一个重点内容。

本讲小结

这一讲我们探讨加工阶段的教学设计中的一个技术难点，即如何提出高质量问题，以及如何教学生高质量发问。下面，我引用山东师范大学的金传宝教授在他的《教师如何提高发问技巧》一文中引述的韦伦的一项综合研究，对本讲内容做个总结。韦伦对大量研究发问技巧的论述进行了综合后，做出了如下归纳：

· 设计标志课堂结构和方向的关键问题。把它们写进教案中，一项任务至少一个问题，尤其是高水平的问题；教师在课堂上要根据学生的回答问一些随机性的问题。

·清楚、详细而精确地表述问题。避免模棱两可地发问，提出专一的问题；避免无休止地提问，那会使学生受挫或迷惑。表述清楚的提问会提高正确回答的可能性。

·使问题适合学生的能力水平。这可增强学生对问题的理解，减少对自身能力的忧虑。在程度不同的班级里，要用自然、简洁、通俗的语言表述问题，调整词汇和句子结构以符合学生的语言和知识水平。

·按照逻辑和循序渐进的原则提问。避免进行无明确中心和目的的随意发问。考查学生的智力和能力，预先了解要学习的内容和功课任务，然后按照预先计划的次序发问，这将有助于学生的思维和学习。

·提出各种水平的问题。运用较简单的问题检查学生对所学内容的基本理解，并以此作为较高思维水平的基础。这种较高水平的问题为学生提供了锻炼较高思维水平的机会。

·紧随学生的回答继续发问。鼓励学生澄清最初的回答，支持某一种观点或看法，提高回答问题的完整性及在更高水平上进行思维的可能性。例如，"你能否重述一遍你的观点？""你能进一步对你的回答做出解释吗？""你如何来捍卫你的立场？"以此来鼓励学生澄清、扩展或支持最初的回答。

·在学生回答之前提供思考的时间。发问以后，等3—5秒或更长时间，可以增加学生回答的内容，并鼓励学生在较高水平上进行思考。让学生马上回答问题会明显减少教师和学生、学生和学生之间富有意义的相互作用。在重复或重新表述问题之前给学生留有足够的时间，可保证学生对问题的充分理解。

思考题

加工阶段的课堂提问要保持一定的开放性，可是学生们的思维虽然活跃了，但他们往往回答问题不在点上，甚至吵成一团，你有什么好办法解决这个问题吗？

第八讲　合作学习要领

导　语

　　根据建构主义的观点，所有的知识都是在个体与外部世界的相互作用中，通过个体与经验世界的对话建构起来的。这里所说的"经验世界"既包括了书本知识，也就是储存于文本中的人类社会历史实践经验，也包括了他人（教师与同伴）的个体体验与经验。日本著名教育家、"学习共同体"倡导者佐藤学提出，学习是相遇与对话，是与客观世界对话（文化性实践）、与他人对话（社会性实践）、与自我对话（反思性实践）的三位一体的活动，这正是建构主义对学习的基本认识。

　　我们之前讨论的教师发问学生回答，启动的是"师生对话"；学习者自问自答，是他们的"自我对话"。其实还有一种极为重要的对话，是同伴之间的对话，给学习者提供互问互答的机会，并组织他们进行课堂讨论，被称为"生生对话"。在教学的加工阶段，教师应该创造课堂对话的机会，通过对话，学习者完成在加工阶段的多次编码，尤其是对概念和原理的深度加工，对话显然是促成理解和迁移的不二法门。因此，不断加深对"对话"的多层次、多角度理解，是理解加工阶段教学任务的关键所在。

这一讲我们主要讨论三个问题：第一，什么是真正的对话？对话是一场相遇。第二，什么是真正的合作学习？合作学习对教师的专业要求。第三，什么是高质量的课堂对话？合作学习如何确保对话是"明亮"而"优雅"的。

对话是一场相遇

给大家介绍一本好书《我和你》，作者是犹太宗教哲学家马丁·布伯，他被称为现代对话概念之父。布伯认为，关系有两种，一种是我与你，一种是我与"它"。当我将你视为满足我的需要的工具与对象时，那么，虽然表面上看我们俩在交往和互动，可其实我们并没有"相遇"，我和"你"没有关系，而是与"它"有关系。

布伯的这番话听起来是不是有点费解？我来举个例子说明吧，快递小哥给你家送快递，他热情地请你查收，你客气地回应他并向他致谢，甚至还热情地让他进门喝口水，可是你和快递小哥没有对话关系。对你而言，你见到的那个小哥，他只是一个"快递员"，他满足了你正在进行的一种需要，购物的需要。如此一来，你就没有拿出你的全部存在去碰触他，你并没有与他相遇。

马丁·布伯说，当我没有任何期待与目标，带着我的全部存在与你的全部存在相遇时，这一关系就是我与你。换到夫妻之间，如果不去用全部的生命来爱，两人即使每天生活在一起，也没有真正的相遇，对方永远只是那个"它"。再换到师生之间，有没有真正的相遇呢？只要有需要在其中，对我们来说学生是提高升学率的工具，那么这就意味着师生关系会被降格为"我与它"。

巴西教育家保罗·弗莱雷，他将哲学中的对话理论引入教育，在《被压迫者教育学》一书中提出教育应该是"提问式教育"。在论述提问式教育前，他指出了现实中的"灌输式教育"的种种弊端。他认为，在灌输式教育中，讲解是有害的，"讲解教育的显著特征是冠冕堂皇的言辞，而不是其改造力量"。在灌输式教育中教育成为一种存储行为，"学生是保管人，教师是储户。教师不是去交流，而是发表公报，让学生耐心地接受、记忆和重复存储材料"。因为灌输式教育"把他人想象成绝对的无知者，这是压迫意识的一个特征，它否认了教育与知识是探究的过程"，在灌输式教育中，教师惧怕甚至禁止交流。灌输式教育"作为实施统治的手段"，"促进了学生的轻信"。

与灌输式教育相反，在提问式教育中，教师与学生是一种"对话关系"，教师与学生不再是矛盾的，而是"教师学生"和"学生教师"，师生共同成长。在提问式教育中，教育者的作用是与学生一起进行创造，教师成为学生的合作伙伴，教师"变换成学生中的共同学习者"。而要完成教师角色转变的任务，则需要"注重对话"，对话是交流，是真正的教育，真正的对话需要：爱、希望、谦虚、对人类的深信不疑即信任以及批判性思维。

我花这么大篇幅介绍对话理论及其代表人物的观点，是希望大家能够看到课堂中除了教师和学生，还有一个我们以前没有特别留意的"关系"。在哲学中，人与人的关系叫作"主体间性"，我们要看到这个东西。从来没有单纯的"你"和"我"，你和我都存在于关系中，而关系是由对话决定的。我们常常说要改变师生关系，其实说的就是改变对话方式，由技术性对话或者"独白"变成真正的相遇。

我们先放下关于对话的哲学和教育学遐思，再从学习理论这一"功利"的角度认识一下对话。无论是师生对话还是生生对话，学习者与他人的对话都可以提高学习效果。这是为什么呢？根据建构主义的观点，这主要是因为：

第一，通过对话，可以从他人那里获取新的知识信息，有助于学习者意识到自己以前不知道的东西，从而引导他们拓展自己的认知结构。

第二，学习者与他人之间的交流、争议等有助于学习者对新信息建构起新的、更深层的理解。我们之前已经知道，新信息如果要在工作记忆中得到保持并与原有的知识发生联系，那么就必须介入对学习的认知重构或精细加工活动之中。也就是说，学习者必须通过对新信息的多次编码和深度加工，才能达成理解。所以，课堂上给学生提供机会，让他们详细解释和质疑他们被"告知"的东西，无论他们说得好不好、对不对，都能检验新信息与原有知识、熟悉的内容之间的关联，从而建立新的图式。否则，知识未经重新编码，就可能只是"惰性的"。所谓"惰性知识"就是在考试时有用，而在其他场景中无用的那些知识。

第三，在与他人的对话过程中，学习者的想法、解决问题的思路都被明确化和外显化了，学习者可以更好地对自己或他人的理解和思维过程进行监控；让思维活动显性化、外部化，也就是外显编码，能显著地提高一个人的思考力。

发展心理学家维果茨基认为，婴儿的思维（认知）和语言（言语）在刚开始时，是相互独立的，思维管思维，语言管语言，也就是我们日常所说的"不过脑子"。而后他们逐渐长大，到了学前期，就是幼儿园阶段，他们开始学习把语言作为思考手段，于是两者便结合起来。渐渐地，他们的学习，尤其是文化知识的学习，越来越多地受到语言的调节。儿童当众讲话（与人交谈，尤其是与父母、老师的交谈）习得很多文化知识，然后通过内在言语（通过用语言调节的思考或自言自语）详细解释这些文化知识，并与其他知识联系起来。为什么家长平时要把时间更多地花费在与儿童对话上，而不是让他们简单背诵和"独白"上，这就是原因。可见，因为你要向别人表达自己的观点，迫使你不得不更清楚地表达，用别人能理解的方式表达，这无疑会使你深刻认识到自己真实的观点，并让你的认知结构得到完善。

第四，在对话中，学习者之间观点的对立会引发认知上的冲突，这为修正自己的旧图式创造了条件。特别是当他人展示的观点与自己的信念不一致时，学习者需要重新检查自己的原有认知，就有可能进行认知重建。

我们知道，旧图式是非常"顽固"的，而只有当个人化的知识与外部真实世界相"适应"，学习者才有可能获得发展。换句话说，个体的知识建构过程，不是个体头脑中封闭的事件，而是在不断与他人的个人化知识进行沟通和协商中，达成某种"共识"。更彻底地说，根据社会建构主义的观点，知识就是学习者通过协商达成的"共识"。

我们不能因为强调了知识是学习者主动建构的，而忽视了学习者所构建起来的知识应该与真实世界统一和一致。我非常同意现代著名的解释学创始人伽达默尔的观点，他认为："偏见并不是骂人的话，相反，它说明我们只能从某个特定的'视界'来理解世界，该视界为我们提供了思想和行动的起点。只有当人们能够相互间展开交谈，由此产生不同的视界的'融合'，形成新共识，人与人之间的理解才是可能的。"

第五，当学习者有机会同他人在学习任务方面互相影响和彼此协作时，学习的效能可以得到增强。在对话及协作的教学情境中，每个人都有机会表达自己的看法，反思自己的思维，这就引发了更高层次的认知、社会交往和道德发展，也强化了每个人的自尊、自信，而自尊和自信会支持学习者完成原本靠个人难以完成的学习任务。

总之，在学习的加工阶段，课堂对话是必不可少的。这一点在学术界得到了广泛"共识"。

关于课堂对话的好处，我们讲到这里。那么，对话的两种类型，以教师为中心的师生对话和以学习者为中心的生生对话，哪一种更有效呢？当然，两种类型都有益处，但总体而言，如果操作得当，同伴之间的对话效果更好。

这是因为，在两个或两个以上个体中进行的对话，更有可能达到"长时间""主题化"的目标。建构主义认为，真正起到良好作用的对话，不能是短暂的和支离破碎的。为什么"长时间"和"主题性"对话更有效？那是因为：

（1）信息量更大。时间上得到保证以及对话主题明确，群体性交谈才有可能是多向性的信息传递，因此信息量更大。

（2）认知角度更多。因为时间充分，而且锁定主题，有利于打破认知上的"自我中心"，学生可以从不同角度认识和讨论同一事物，而多角度的认知可以通过讨论促进对知识信息的深度理解。

下一个问题是，我们应该如何实现长时间的和主题化的对话呢？这就要进入我们这一讲的主题：合作学习。

合作学习何以长盛不衰

只要一提到课堂教学改革，就一定会提到合作学习。但是，到底什么是合作学习，却众说纷纭。以至于只要在课堂上让学生做小组讨论，都可以被冠名为合作学习。

不过，这不能怪罪教学实践者，因为合作学习本来就是一个"泛称"，是一个复合性、多层面的概念。目前世界上冠以"合作"（cooperative）的教育教学改革难以计数，眼下仅在美国流行的合作学习理论与策略就不下几百种，令人眼花缭乱。看看以下这些合作学习的英语提法：Cooperative Learning、Collaborative Learning、Team Learning、Group Learning、Small Group Learning；再看看国内的表述：合作学习、小组学习、小组合作学习、小组互助合作学习、共同学习、合作教学、学习共同体等。近些年来我国也涌现出了不少以"合作"冠首的改革，其实践涉及 20 多个省份。难怪美国著名社会心理学家、合作学习的主要倡导者斯莱文教授将这种现象称为"教育中的合作革命"，是一种"合作热"。

所以，大家要明白，合作学习并非是一种简单的教法，而是对所有带有合作性质的教学改革实践的总称。

合作学习为什么有如此大的影响力？主要有两个原因：

第一，综合而细致的实验研究，证实了合作学习的有效性。与一般流行的教学模式和方法相比较，合作学习更注重实验的研究方法，因此研究结论也更为可靠。

美国明尼苏达大学合作学习中心的约翰逊兄弟和斯坦在 2001 年公布的一份关于合作学习方法的元分析报告中指出："目前已有 900 多项研究证明合作学习较之竞争性学习更为有效。这些研究具有相当的普遍意义。这是因为这些研究是由不同价值取向的研究者们在不同的条件下、不同的国度里和 100 多年的时间里完成的……在过去的 100 多年间，研究者们对不同的教育结果进行了研究，如成绩、高层次推理、记忆保持、工作时间、学习迁移、成就动机、外在动机、持续动机、社会和认知发展、道德推理、观点采纳、人际吸引、社会支持、友谊、刻板与偏见的减少、价值差异、心理健康、自尊、社会能力、价值内化、学习环境的质量等。恐怕还没有任何一种其他的教学策略能达成如此众多的教育效果。"

第二，周密而及时的实践推广，将理论与实践融合。与一般的教学改革光说说"理念"和"情怀"不同，合作学习注重实践操作，产生了一系列行之有效的行动策略，使合作学习不再是空中楼阁。下面我列举一些有名的策略：

- 小组调查法（沙伦，1976）；
- 切块拼接法（阿朗逊，1978）；
- 切块拼接法改进型（斯莱文，1978）；
- 游戏竞赛法（迪里斯，1980）；
- 成绩分阵法（斯莱文，1984）；
- 小组辅助个别化（斯莱文，1984）；
- 共同学习法（约翰逊，1986）；
- 计算机辅助合作学习法（约翰逊，1986）；
- 思考—配对—分享（莱曼，1987）；
- 编号共学（卡甘，1987）；
- 合作社法（卡甘，1987）；
- 读写一体化（斯莱文，1987）。

实际上合作学习的具体策略远远不止以上这些，据合作学习研究专家卡甘称，仅切块拼接法就至少有六七种变式。除了不断修正、完善原有的合作学习方式之外，新的合作学习策略正源源不断地被创造出来，其中许多方法在国内得到了广泛的介绍和应用。

卡甘还认为，教学活动应该等于"教学内容加上某种固定的结构"，即"内容＋结构＝活动"。结构是一系列系统化、结构化的方法和策略，用以引导学生与教师、学生与教学内容、学生与学生之间的互动。不管具体学科内容是什么，这些结构化的策略都是相同的，教师只要将特定的教学内容镶嵌到结构中去，就能创造出一系列课堂活动来，这就大大减轻了教学设计的压力。卡甘认为"通过变化结构或内容，教师可以创造出不同的教学活动和不同的学习结果，从而适用于不同类型的教学任务"。我非常认同他的这一观点，也深受他的影响。

这些年来，为了让初学者更快地上手，我研究和梳理了合作学习的 35 种策略，这些策略有些适用于学习基础知识、基本技能，有些适合于发展能力、促进高阶思维；一些策略，如互查法、采访法等适用于两人小组的合作；一些策略，如坐庄法、接力法、发言卡等适用于3—4人小组的合作；一些策略，如组际批阅法、内外圈、切块拼接法等适用于小组与小组间的合作；还有一些策略，如对折评价线、世界咖啡等适用于整班的合作。以上这些策略都有具体的操作流程和要领，每一种策略都有其特定的适用范围和应用场景。

总之，由于合作学习获得了实证研究的支持，以及推广合作学习的专家学者在操作策略上的不懈努力，合作学习成为了全球最受欢迎的教学策略和模式。正如美国教育学者沃迈特所说，"合作学习是近十几年来最重要和最成功的教学改革"。

教师的专业努力

早在2001年5月29日，国务院颁布了《关于基础教育改革与发展的决定》，其中就专门提及合作学习，并提出："鼓励合作学习，促进学生之间的相互交流、共同发展，促进师生教学相长。"可是，合作学习不是简单发个文件就能在课堂里发生的。

一些教师说，我在课堂里实施合作学习了，可是为什么没有取得效果？之前我们已经谈到，合作学习经过大量的实证研究证明有效，而且在上个世纪70年代中期至80年代中期就已经在理论和操作方法上都很成熟了。如果在实践中合作学习的预期效果没有显现出来，我们是要做自我反思的。

一是要反思合作学习用对地方了吗？二是实施合作学习有没有达到专业要求？

首先，合作学习用得是否合适？合作学习作为一种学习方式，虽然被誉为"近十几年来最重要和最成功的教学改革"，但是我们在做教学设计时也要合理使用。什么是合理使用？总结如下：

（1）教学时间。时间是一个常量，花在这里就无法花在别的地方。合作学习比一般的讲授法更费时间，所以课堂教学时间无法保证，学生不能做"长时间""主题化"对话，那就无法采用合作学习了。

（2）班级规模。大家知道，班额越大，课堂秩序的要求就越高，教师管理课堂的压力也更大。而合作学习是要打破原有教学秩序的，特别是生生之间的频繁互动，随着班级规模和小组规模的扩大，合作学习的操作难度随之加大，对教师专业能力特别是课堂管控能力的要求极高。

（3）教学阶段。我们将教学过程分为五阶段"预备—输入—加工—输出—反思"，合作学习的优势主要在于促进学习者之间的平等对话，因此，特别适合对"概念"和"原理"做多次编码和深度加工。越是需要深度思考和高水平认知的时刻，就越是需要合作学习。所以，我也将合作学习放在"加工"这一环节辟专讲来介绍。

一些学校推行合作学习，要求教师每堂课都要使用合作学习，我既赞同又不赞同。赞同是因为，如果教师刚开始接受合作学习的专业培训，属于初学者，那就要创造练习的环境，坚持使用。因为合作学习的教学是一项技能，哪能不练就会呢！不赞同是因为，等到掌握了这项技能后，对教学过程就不能提任何硬性要求了，而要根据实际教学的需要进行优化处理和灵活运用。教学的系统优化本身也是我们教学设计的主导思想。

其次，教师在专业上有没有理解和掌握合作学习？一些教师在课堂上使用合作学习，可是实际上并没有达到合作学习的专业要求。这个现象很普遍，今天在课堂上教学生合作学习，可是教师自己在整个学习生涯中就没有体验过合作学习，从小到大，他们的老师就未曾用合作学习上过课；在师范院校就读时，没有教授教合作学习这门专业性极强的课；入职以后也没有机构对教师进行合作学习的职后培训。现在忽然一下子学校决定进行课堂改革，要搞合作学习，教师难免存在适应性困难。

我认为，要适应合作学习，教师应该在三个方面做出持续的努力：专业素养、专业知识和专业技能。

（1）坚定专业信念。合作学习作为一种学习方式，不能仅仅从这种方式是否有利于提高学业成绩这一个维度来认识，在当代和未来，合作学习都标示了一种精神、一种教育理念、一种对人的素养的追求。如果没有这种信念，合作学习就很难坚持下去。如果认识到，合作学习不仅是一种手段，更为重要的是，教会学生使用合作学习这种学习方式本身就是教学的一个目的，那么你就会千方百计克服种种困难，坚持使用合作学习了。

（2）加深专业理解。一些教师认为合作学习不就是让学生们围坐在一起讨论吗？哪有那么复杂呢？其实，这么说是对合作学习的"一知半解"甚至"误解"。

什么是真正的合作学习？约翰逊兄弟提出的五因素理论很有影响力。约翰逊等人认为，合作学习的五个要素是构成合作学习程序的概念基础。即：

· 积极互赖（positive interdependence）；

· 面对面的促进性互动（face-to-face promotive interaction）；

· 个体责任（individual accountability）；

· 人际和小组技能（interpersonal and small group skills）；

· 小组自评（group processing）。

我想，有些老师在课堂里实施合作学习，可是没有理解这些基本要素，将合作学习等同于一般的分组教学，效果当然就出不来。

（3）练就专业技能。合作学习有不少操作规范和要领，是需要长期练习才能掌握的。现在教育界长期忽视"术"，动不动就是"伟光正"的"道"，讲空洞的理念多，讲实操的少，甚至有瞧不起讲实操的专业人员的风气，这导致相当一部分教师教学基本功差，手里没"活"。所以教育界倒是要提倡一点"工匠精神"的。

约翰逊等人的研究认为，合作学习中教师主要在以下方面发挥专业作用，这五方面都是需要"专业技术"支撑的：明确详述一堂课的教学目标；在课前做出学生编组的决定；向学生清楚地阐明学习任务与目标；监控合作学习小组的有效性，或介入活动并向学生提供帮助（如回答问题和教授技能），或提高学生人际交往和小组技巧；评价学生的成绩并帮助他们反思彼此合作的情况。

下面我来逐一跟大家拆解这五个任务。

任务一：明确详述一堂课的教学目标。

在教师上课以前，有两类目标需要具体化。一类是学术目标，也就是我们平常所说的教学目标，你原来怎么写，现在也怎么写；另一类是合作技能目标，教师要明确一堂课要强调的合作技能是什么。

合作学习是建立在合作基础上的，合作不仅仅是一种教学手段，同时也是目的。这个思想观念在合作学习的目标设定中要体现出来。关于合作技能以及教授合作技能的问题，我们之后还会谈到。

任务二：在课前做出学生编组的决定。

合作学习对于编组有一些具体要求，主要是：

（1）小组规模。一般来说，小组规模控制在2—6人为宜。刚开始尝试合作学习或者学生年龄偏小，应以两人一组或三人一组为主，而后逐渐扩大小组的规模，不过，一般小组规模的上限是六人。

（2）混合编组。合作学习主张将学习者编为异质小组，编组时优先考虑学习者学习能力的差异性，其次还要考虑性别、性格、爱好、自我约束力等因素。俗话说"男女搭配干活不累"，意思是说将有差异性的个体安排在一起，他们更能倾向于相互合作，有更多的信息输出和输入，产生更多的观点。而正是不同观点有利于加工阶段的学习，正是在不同观点的碰撞和交锋中，学习者之间形成了对话，对话有助于提高学生理解的深度、推理的质量和保持长时记忆的精确性。小组构成后，要保持相对的稳定，如果是项目化学习的话，项目任务完成就可以解散；而在常规教学中，一般建议是小组保持十周左右。

（3）安排教室。有些教师组织合作学习时，让前排学生回过头去，与后排构成小组，这么做很方便，但是不利于形成小组团队意识和合作文化。小组成员应当尽量坐在一起，保持与所有小组成员的目光接触，因此，围坐成圈通常是最好的一种安排方式。

（4）分配角色。教师要为每个小组成员分配一个促使小组有效活动的角色。约翰逊等人认为，这些角色应包括：

·总结人（负责重述小组的主要结论或答案）；

·检查者（负责保证所有小组成员都能够清楚地说出得出的答案或结论）；

·精确性裁判（负责纠正别人在解释或总结中的任何错误）；

·关系加工者（负责要求小组成员将现在学习的概念与策略同过去已学过的联系起来）；

·联络员（负责为小组取来所需材料并负责与教师及其他小组进行联络）；

·记录员（负责记录小组的决议并编写小组报告）；

·观察者（负责关注小组合作的情况）等。

我们不必拘泥于这样的角色分配方案。根据我们的国情和文化特征，一开始就设置一个组长，这是必不可少的。当学生都已经能够很好地通过合作来学习了，组长可以轮流委任。

任务三：向学生清楚地阐明学习任务与目标。

学习者组成小组后，教师就要下达学习任务了，以下是完成这一任务时的专业要求：

（1）解释学习任务。加工阶段的主要任务是促进多次编码和深度加工，教师要解释清楚小组活动要讨论的"概念"和"原理"是什么，也就是说小组活动将要对哪些重要内容（新信息）进行编码和加工。

（2）明确小组目标。为了促进小组合作，教师要保证小组活动必须围绕目标来进行，要坚持按照小组的整体表现来做出最终的评价。

（3）建立个人责任。合作学习中，因为强调合作完成任务，就有可能导致学习者"搭便车"的现象，因此教师要确保小组中的每一个成员都要承担一定的小组任务，承担起自己在小组内的责任。比如随机提问、当堂检测等都是增强个人责任的常用方法。

（4）确定成功的标准。无论针对小组还是对学习者个体，评价必须有标准并且"基于标准"。在合作活动前，教师应向学生说明按什么标准来对他们的学习进行评价。尤其是小组之间的竞争性活动，如果缺乏评价标准，就有可能导致评价不公，进而导致课堂混乱。

任务四：监控合作学习小组的有效性。

与传统教学相比较，教师要花费更多的时间在合作学习活动的设计上，而在具体的合作活动中，教师要放手让学生自己去学习，这时教师的主要任务是：

（1）观察合作活动的情况。一般而言，教师的观察点主要是：学生真的理解学习任务了吗？学生们是否接受了积极互赖和个人责任？学生是否在朝着标准努力？成功的标准制定得是否适宜？学生们是否表现出了具体化的行为？

（2）提供帮助。在合作活动中，教师的指导活动主要是：同学生一起重温具体的合作任务和要求，及时回答学生提出的问题，帮助学生排除学习中的障碍。

（3）提示和教授合作技能。教师要观察学生的合作技能，因为合作活动中出现问题，往往是因为小组成员缺乏必要的合作技能。教师要强化那些已有的合作行为，纠正妨碍合作的言语和非言语。这一内容我们之后会集中讨论。

任务五：评价学生的成绩并帮助他们反思彼此合作的情况。

在小组活动结束之后，教师要对合作活动过程和结果进行评价。评价的主要内容是：

（1）学生学习的质量。合作学习中对于学生学习质量的评价，主要是以测验来进行。为使合作学习取得成功，小组成员的学习成绩必须以标准参照法进行评价，对学生学习质量的评价主要依据学生的分数提高的多少来决定。

（2）小组合作的状况。教师应该腾出时间来与学生一起讨论小组活动的情况。哪些事情做得好，哪些事情做得不够好，需要以后改进。合作学习特别强调要坚持讨论小组活动状况，因为在合作学习研究者和实践者看来，学会合作本身就是要花时间教授的学习目标和内容。

以上，我们学习了约翰逊等人提出的在合作学习中教师的五大任务，完成这些任务都需要教师做出专业努力，所谓"工匠精神"就体现在其中。接下来我们来讨论合作学习是如何达到高质量课堂对话的。

明亮而优雅的对话

教育界有句名言："教是倾听；学是告诉。"这无疑触及了教学的本质。

我们先来讨论"告诉"（表达），再来讨论"倾听"。

根据吸收理论的观点，学习就是"输入"；而根据认知理论，学习重在"加工"。而表达，无论是讨论、演讲还是写作，都是对新信息的加工。加工阶段的合作学习，目的是使学习者之间通过对话对新信息进行深度加工。因为对话是外显编码，将思考外部化，需要学习者当众表达自己的观点，也就在逼迫他们对讨论的话题做一种相对复杂、精致的观察和思考。就如此刻，我在写作，就是在将思考外部化，为了要正式出版，就要准备迎接编辑和读者挑剔的眼光，就必须将我的那些自以为是的和似是而非的想法做精致化处理。

为了保证每个人都有表达的机会，保证学生们的课堂讨论能够"知无不言，言无不尽"，合作学习要求生生之间的对话必须是平等的。人和人之间的平等关系是对话的前提，也是通过对话达到"相遇"的过程。对话绝不是一个人向另一个人的灌输，两个对话主体，谁都不能压制他人，谁都不应该被对方淹没。

为了确保平等对话，对话者要学会保持谦逊，不断反思自己，而不是一味地批评别人。没有谦逊的态度也就不可能进行高质量的对话。骄傲的学习者在小组内不屑于对话，他们或成为合作中的小权威；而自卑的学习者又不敢于对话，他们或成为合作中的被动的旁观者和接受者。这显然不是合作学习倡导者愿意看到的。

那么，谦逊的态度来自哪里？来自理性。对话就是要跟对方讲道理，而讲道理就要严格遵守讲道理的法则，这个双方都要遵守的法则就是逻辑规则。我读到一本关于专门"讲道理"的书《明亮的对话》，作者是徐贲，强烈推荐给大家，读完后可以指导学生在课堂中如何正确说理。如何做到"明亮的对话"，我认为主要有三点：亮出观点；阐明理由；论证正确。

首先要亮出观点。比如说，我认为"合作学习是近 20 年来最成功的教学改革策略"，这是一个观点。人和人之间的对话，不能没有观点和主张，观点和主张也可以称为"争议点"。没有主张，不仅听者不知道你要说什么，你可能自己都不知道自己想说什么。为了提高对话的效率，我们一般要求学习者将观点前置，也就是先说观点，以迎接对方对观点的审查。

其次要阐明理由。什么是理由？理由就是我们为什么要相信某个结论的解释说明或逻辑依据。一个人有没有头脑，一个标志性的特征就在于能否提供充足的证据来支持自己的主张和看法。当我发表观点"合作学习是近 20 年来最成功的教学改革策略"之后，我就要找理由来支持这一观点。要是我拒绝提供理由，只是强调，我"就是"这么认为的，那就是蛮不讲理了。所以，一个谦逊的对话者总是要主动给出理由的。

一般来说，理由分为两种，一种是"证据"，包括事实、研究报告、生活实例、统计数据、专家或权威意见、当事人证词等；另一种理由被称为"呼吁"，主要是诉诸情感、价值、信仰或观念等这类非理性因素。比如说，我要证明"合作学习对学习者产生了积极影响"，提出了不少研究成果作为证据；也可以诉诸某种价值观，比如"相比于竞争，合作无疑更为符合人性需要和未来发展需要"。我提出的两个理由，前一个是证据，后一个是呼吁。我所提供的理由既有证据，又有呼吁，显然这会使说理更有说服力。

最后，除了要有观点和理由，还要确保理由与观点构成逻辑关系，也就是论证正确。为了保证对话的有效性，学生应该学习基本的演绎推理、归纳推理和类比推理这三种主要的逻辑方法。三种推理中逻辑性最弱的当属类比论证，比如说辜鸿铭有句名言：男人和女人，就像茶壶和茶杯，一个茶壶可以有几个茶杯，一个茶杯不能有几个茶壶。意思是说，男人纳妾，享齐人之福，是天经地义的。你看看，类比论证虽然也是一种推理方法，但是却常常出错。

徐贲在《明亮的对话》中指出，一般来说，像三段论这样的形式，逻辑的规则都很明确。一旦发生谬误，比较容易识别。但有一些说理谬误，需要有意识地学习和思考才能分辨出来，它们被称为"非形式逻辑谬误"。非形式逻辑谬误总让人感觉哪里不对，却又说不出哪里不对。

下面列举几种身边常见的非形式逻辑谬误。

（1）"大家都这么说"，大部分人这么认为，就一定是对的，有时其实根本不存在这样的"大家"，只是借众人之口，说自己的话而已。

（2）"转移论题"，指的是在论证过程中偏离正题，转向其他次要的问题，从而转移听众的注意力。

（3）"动机论"，不论对方的言论是否有道理，一概以动机不纯来攻击对方。

（4）"我错你也错"，你批评我，我非但不正面回应你，还挑你的毛病，以此来堵你的嘴。

（5）"以偏概全"，在证据不够充分时，就下普遍结论，许多偏见就是这么来的。

（6）"循环论证"，一种自说自话，原地打转的"论证"方式。

徐贲认为，这六类属于"杠精"的诡辩逻辑，就是非常典型的非形式逻辑谬误。

如果缺乏基本的逻辑训练，对话不能遵守共同的思维法则，那么这样的课堂讨论是低质量的。这里，我还想再强调一下我的观点，在加工阶段的学习，我们要的对话应该是理性的而不是情绪化的。为了增强说服力，我们可以适当运用修辞手法和情感流露，可是不能容忍有任何情绪化表达。网上我们会看到大量的情绪化的文章和言论，在看的时候可能会有"很爽""解恨""出气"的感觉。可是，他们根本没有在讲道理，而是在发布非理性的和煽动性的言论。教师应该帮助学生识别论证和情绪化表达的区别，让合作学习中的对话更"明亮"。

讲完对话中的"告诉"（表达），接着来讲讲倾听。

课堂中，对话者要保持"优雅"，一个优雅的对话者是从扮演好"聆听者"的角色开始的。教师在课堂上要教学生学会倾听，在对方发言的时候，一定要把对方的话听完整，听完后才去想该如何做出响应，而不是急于"插嘴"；要严格禁止插嘴，插嘴是破坏对话的"杀手"，好多人际冲突都是从插嘴开始的；不要急于发表不同意见，而要在发表自己意见之前，复述对方意见，并确认对方意见合理的一面。你看，一个好的聆听者应该做到这三个动作：倾听、不插嘴、确认对方观点，你的学生们都能做到吗？

要教学生成为优雅的聆听者，教师先要成为一个优雅的聆听者。据我观察，教师在课堂中往往为了赶进度，对学习者的发言，特别是不合己意的发言是缺乏倾听的耐性的。不少教师有三个毛病妨碍着自己成为优雅的对话者：

（1）自传式回应。什么是自传式回应？就是他随便一个话头接过来，都能谈半小时，哪怕一知半解，也要利用自己的话语权唠唠叨叨，轻易地给出建议，甚至教训对方。比如"我以前年轻的时候……，你也应该这样做"。所谓的好为人师，就是最典型的自传式回应，喜欢随时随地做别人的人生导师。

（2）轻易给人下判断、做定论。比如"你们这些人，心思就不用在学习上""你们就是懒惰，一点都吃不起苦"。好为人师者的长篇大论总是从对对方的妄断开始的。

（3）恶意揣摩他人的动机。比如"为什么你来告状，分明是恶人先告状！这样你就可以逃避责任了吧！"好为人师者还往往自鸣得意于自己能识破别人的小心思。

无论是自传式回应、妄断，还是恶意揣摩他人动机，都是以自我为中心的表现，而不是以学习者为中心；都是把自己放在一个道德的制高点上，用审判者的眼光去看待他人，难怪在课堂活动中，教师往往失去优雅。

除了教孩子们成为聆听者，教师还要教授一些有利于课堂对话的基本规范，比如"小声说话""按顺序做""称呼对方名字""发完言说谢谢""有礼貌地提出不同意见"等。以上这些规范都在教学生如何成为一个优雅的对话者。

为了提高加工阶段合作学习的有效性，在合作技能方面，我们一般要求学生做到以下几点：

（1）不仅要说观点，还要说理由。发言一定要解释是如何得出这个答案的。

（2）讨论中，把现在学习的内容与以前学习的内容联系起来进行考虑，要说出今天所学的知识与之前学习的那些内容的关系。

（3）一名成员发完言之后，所有人都要表示同意或反对，并且说出自己的理由。

（4）每个人都要参与活动，或承担小组的某项责任。

（5）发言不能跑题，主持人有权阻止跑题的发言。

（6）不运用少数服从多数原则，除非从逻辑上被说服了，否则不要随便改变主意。

（7）批评不正确的观念，而不要批评人。

最后，我们提一下经济学理论中的"溢出效应"。所谓溢出效应，是指一个组织在进行某项活动时，不仅会产生活动所预期的效果，而且会对组织之外的人或社会产生影响。

把溢出效应用在合作学习上，即课堂中的合作学习不仅能更好地帮助学习者完成加工阶段的学习任务，而且还能"溢出"，教会学生学会优雅对话，教会教师成为一个更好的人，使学校成为一个更紧密的共同体，进而，可能对中国这个古老的国家走向文明起到正面的作用。

本讲小结

加工阶段的教学设计，重在激发学生的高水平思维，促进学习者的多次编码和外显编码。因此就要做好两件事：做高质量的问题设计，促进高质量的对话。

本讲重点讲述如何促进高质量的对话。我们了解了高质量的对话实际上就是一场我和你的"相遇"，为了确保对话的有效性，我们引入了合作学习。

合作学习的优势是毋庸置疑的，大量的实证研究都证明了这一点；而且合作学习还有不少"溢出效应"，不仅使得学习中的深度加工成为可能，而且让学生学会平等对话：有逻辑的表达以及优雅的聆听。

 思考题

合作学习研究者们开发了不少合作学习策略和方法，比如坐庄法、接力法、发言卡等，为什么一定要用策略和方法呢？自由讨论不是更有利于对话和相遇吗？说说你的观点。

第九讲　输出与远迁移

导　语

之前我们已经学习过学习的过程与教学的过程的合一，学习的过程一般为"预备—输入—加工—输出—反思"，我们也已经知道，加工阶段的主要任务是将新信息与旧知进行整合，从而达成对新信息的理解。但是，对新信息的理解可能还不是教学的最终目的，教学应该能使学习者将所学到的知识，尤其是概念性知识（概念和原理），迁移到真实生活中。我们这一讲的主题是"输出阶段的教学设计"，先要明确这一阶段的主要任务，是"促进学习者对所学知识和技能的迁移"。

我们通常所说的"能力强"，其实主要是通过迁移而形成的。按照布鲁姆的说法，对知识与技能的有效迁移是我们在不同的情境和问题面前创造性地、灵活地、流畅地应用所学知识的能力。

这里我们还要强调一下知识和能力的区别。知识是指特定领域或学科中所呈现的事实、概念、程序和理论，知识是可以被习得、再认和再现的。但是知识被学习者习得、再认和再现了，这些活动只是发生在大脑内部，理解知识就是通过加工和编码，对"旧知"进行的改造和重组。而能力则不同，能力不仅发生在大脑内部，而且还要考虑外部场景，以及应对外部场景的策略。能力（C）是知识（K）、技能（Sk）和情境（S）之间互动的结果，即 $C = f(K, Sk, S)$。

现在你能明白，迁移体现在某一个情境所习得的知识能被应用到另一个情境之中，只有通过广泛的迁移，原有经验才能得以改造，才能够概括化、系统化，原有经验的结构才能更为完善、充实，从而建立起能稳定地调节个体活动的心理结构，即能力的心理结构。迁移是习得的知识、技能与行为规范向能力转化的关键环节。

迁移那么重要，甚至迁移就是教学的真正目的。那如何提高迁移能力呢？

这一讲，我要带大家一起学习迁移理论，探讨一下近迁移和远迁移，并介绍两种促进迁移的方法：提取练习和情境学习，前者促进近迁移，后者适用于远迁移。

学何以致用

对中国教育批评最多的，可能就是培养的学生能力不强，而能力不强的主要表现就是学了不会用。我们总是希望学生学了知识之后能"举一反三""触类旁通"，那么怎样才能做到学以致用呢？这就要说到迁移理论了。

最早的迁移理论叫作"官能心理学"，认为如注意力、记忆力、推理能力等心理官能，如果在某种学习情境中得到改善，它就能自动地在所有需要该官能的情景中起作用，实现迁移。但是，虽然这套理论在欧美流行了约 200 年，却是错的。以团队拓展训练项目来增强团队合作，或者对儿童进行记忆力训练，或者参加大脑训练班以使人更聪明，都被证明是无效的。

还有一种理论叫"共同要素说"，代表人物是行为心理学家桑代克，这一派的意见认为，只有当两个情境中有相同要素时才能产生迁移。也就是说，当学习者遇到的新情境与之前经历过的情境越相似（共同成分越多），就越能熟练运用它。比如说，数学课上学过例题后，考试题跟这道例题类似，只是换了几个数字，学生很容易做出来。为了促进学习者迁移，在教学中就要帮助他们找到事物间的共同要素。这个理论能很好地解释"近迁移"，但是无法指导"远迁移"。这个问题我们稍后再谈。

第三个理论是"关系转化理论"，这一理论认为迁移产生的实质是个体对事物间关系的理解。研究认为，在处理复杂任务时，理解应该作为迁移的基础。也就是说，学习者形成了新的图式或心智模式，那么迁移就能发生。

以上我举出的迁移理论，被称为传统迁移理论，随着认知理论和信息加工理论的发展，特别是在奥苏贝尔提出了认知结构迁移理论之后，研究者对迁移进行了更为深入的探讨，他们提出了"近迁移"和"远迁移"的学说。

所谓近迁移，是指每一次任务执行的应用场景都差不多，不同的应用场景之间有许多共同要素；远迁移，是指任务执行者需要将某种原理或规则根据实际情境进行调整。对学习者而言，远迁移比近迁移所表现出的能力更强。

比如，我教授小学低年段数学学科的教学设计，你将从我这里所学的知识应用在你的小学低年段数学教学中，这叫近迁移；而如果你学了这些知识后改教高中语文，那就需要远迁移了。根据桑代克的"共同要素说"，你掌握了小学低年段数学教学设计的基本要领，教小学低年段数学，那就足够了，哪怕教中年段数学也八九不离十，因为若前后两种情境的结构特征相匹配或相同，则产生迁移。

但是，为什么学了小学低年段数学教学设计改教高中语文就会有困难？那是因为我教授的小学低年段数学教学设计与你要教的高中语文教学设计之间的共同要素太少了。而假如派你去当高中校长，搞高中学校管理，那你所学的那点教学设计的知识与学校管理方面的共同要素就更少，你就应付不过来，这就需要远迁移了，所以一名非常优秀的教师不一定能胜任校长的工作。不过能力越强，实现远迁移的可能性越大。跨界显然与能力有关，马云大概就是一个从教师跨界到商界取得成功的为数极少的典型案例了。

近迁移时，每次执行任务的迁移跨度很小，所以进行多次"提取"练习，基本就能完成。比如你打开手机看微信信息和做出回复，每一次使用的界面都差不多，迁移任务的表面特征是稳定的，所要进行的操作也基本相同，因此，你只要对着动作要领（共同要素）重复做几次，迁移就能实现。但是，远迁移却是要你处理从未遇见过的问题，即从已学的知识和技能中找不到共同要素，因此对促进近迁移有效的方法，对于远迁移却未必有效。

促进远迁移的一个办法当然就是要加深对所学知识的"理解"。认知理论认为，学习情境的相似性随着概念性理解的加深，迁移的可能性也会增加。但是，即使人们已经拥有解决某个新问题必需的概念性知识，也不一定能保证激活和调用它。若想激活和调用相关知识，教学就应该聚焦于问题解决过程中的具体情境中的知识。通俗地说就是，你想要促进学习者的知识和技能的迁移，就要给他们在真实场景中解决问题的机会，尤其是你希望学生能实现远迁移。

我们已经非常熟悉的建构主义理论就十分强调设置问题情境，让学习者在真实场景中自己去解决问题。这一理论认为，在教学的每个阶段都应该关注学习者日后的迁移。任何成功的迁移都需要在教学的输入阶段就使用情景多样的示例和练习，这有助于学习者将来超越情景的限制，将所学内容运用到不同领域中；而在加工阶段，则要运用归纳的方法，不仅让学习者知道结论，还要知道结论产生的过程，以加深学习者对学习内容本质的理解；更为重要的是，在输出阶段，要组织学习者进行转换学习和拓展性活动，这么做能提高远迁移的几率。也就是说，为了促进远迁移，输出阶段的主要任务就是要让学习者对所学的内容进行确认，并能在真实情景中加以运用。

我们知道，促进近迁移的方法，主要是对所学知识做多次"提取"。而促进远迁移，则主要有两个方法，一是加深对知识的理解，二是创设多种情境，让学生尝试自己解决问题。

有一些促进迁移的常用方法，我把他们分为提取类和情境类。

先来看提取类活动，也就是从长时记忆中将所需要的知识激活和调用，并提取到工作记忆中。主要有以下一些方法：

（1）当堂测试。通过完成测试题，对所学知识进行提取。

（2）个人陈述。为学习者提供机会，让他们加工新信息，并把信息转换成语言告诉其他人。

（3）图形编辑器。使用图形编辑器，让学生创建脑认知地图，从而加强学生的学习，唤起学生对教学资料的记忆。与一般的思维导图不同，使用图形编辑器，是使用图片或者图画而不是用词汇去创建一份脑认知地图。

（4）同学互教。使用"一帮一"模式，或者用某种方式让学生之间相互教学、相互解释，以便加深理解。

以上是提取类的方法，主要用于近迁移。下面来看情境类方法，主要用于远迁移：

（1）创造性改写。使用学习者熟知的故事、笑话、歌曲和神话等题材，将学科信息编入到某个故事中。通过这种方式，学科信息被转化到一种不同的情景当中。

（2）制造模型。创建模型（两维或三维模型）去具体陈述一个抽象的概念或原理。

（3）表演。将学科信息或者某个概念转化到戏剧、音乐或舞蹈的表演中，写出某个问题的解决方案或者就某个科学概念创作一首诗歌。

（4）角色扮演。让某些学生扮演历史角色或者小说主角，而另一些学生扮演一次访谈活动的记者，通过这种角色扮演，为学生提供模拟的角色体验。

（5）辩论、讨论和质询。让学生在对话活动中解释他们的真实想法，沟通是加深理解的关键。

（6）项目化学习。项目化学习又称"基于项目的学习"，也就是常说的PBL。基于真实情境的问题化驱动的项目化学习，近年来在教育领域备受追捧。有人可能要问，项目化学习、基于问题的学习和探究性学习，这些学习方式都很相似，怎么区分呢？首先，它们都以问题为驱动，都要进行探究，但是，在输出阶段的学习中，我们主要使用项目化学习，因为项目化学习通过解决问题，最终是要产生可见成果的，而且成果必须经过公众或专业检验的；基于问题的学习和探究性学习更关注过程，而结果也是开放的。其次，项目化学习所研究的问题更偏向于真实世界中的真实问题，而基于问题的学习和探究性学习可以更加抽象。

刚才我们介绍了在输出阶段促进迁移的两类方法：提取和情景学习。结合之前介绍的四种教法，大家想想，这些教法对于培养学生的迁移能力，哪一种更有用呢？

一般来说，直导式教学，对于近迁移目标的实现是非常有效的。那是因为直导式教学方式往往使用演绎的方法，也就是先呈现新知，然后举出例子帮助学习者进行加工，并通过提取练习帮助他们加深理解和记忆，这能促进近迁移。

指导发现式教学方式往往采取归纳式的教学逻辑，而且使用问题情景来进行教学，比较适合远迁移学习任务。如果指导发现式教学中，教师能有意地引导学生发现不同知识之间的共同点，启发学生去概括总结，指导学生监控自己的学习或教会学生如何学习，都会对学生的学习和迁移产生良好的影响。

探究式教学方式，为学习者提供了丰富的教学资源和极高的自主性，学习者可以自己来选择，利用最适合自己的学习方式和进度进行学习，这种方式最适合有充足背景知识的学习者，它既能促进近迁移，也能促进远迁移。

毫无疑问，讲授法是最不利于迁移的，无论近迁移还是远迁移，都很难通过任何接受式学习获得。教学的最终目的在于迁移，成功的教学都是建立在学习者理解的基础之上，进而帮助学习者最终把学到的内容拓展到全新的情境中去。

当堂检测为什么很重要

我们已经了解到，因为近迁移任务的表面特征总是基本不变的，也就是不同情景中的"共同要素"更多也更稳定，因此教师为了促进近迁移，在输出阶段的主要任务就是通过当堂测验，给予学习者多次"提取"的机会。

下面我就来谈谈当堂检测的好处。

我们平时都有这样的体会，在面对挑战的时候，专家比一般人更能有效解决问题，表现出很强的迁移能力。他们提取知识的速度和精准度都明显高于非专业人士。输出阶段的测验，就是为了使学习者能像专家那样，在需要发生知识迁移时能够迅速提取所学知识。

认知心理学家米歇尔·米勒在《在线的思想：技术促进教学》中写道："记忆研究者们已经达成广泛共识，长时记忆基本上是有无限容量的。"然而，不管存储量无限还是存储量小，长时记忆都存在一个难题。米勒说："长时记忆的限制因素并不是存储能力，而是当需要某部分内容时，找到这部分内容的能力。长时记忆就好像一个空间巨大的储藏室，里面可以放许多东西，但要快速找到需要的东西却很困难。"所以，对学生或任何一个人来说，真正的挑战不是把事实和信息塞进长时记忆库中，而是当我们需要某部分内容时，能够快速地把它提取出来。

什么是提取能力强？那就是将某项知识从长时记忆中提取到意识中的速度快和精准度高。专家特别能"学以致用"，表现出很强的迁移能力，也就是专家不仅把知识存在脑子里，在需要用的时候能立马拿出来，而且拿出来的时机很恰当。和储存能力比起来，人能提取的记忆容量很小。你感觉到自己记住的东西，其实只是那些你能提取出来的东西。

专家的提取能力为什么那么强？道理很简单，因为这些知识已经被多次提取，当然就被强化了。每次我们从记忆中提取一段信息或经历，我们就在巩固从长时记忆到工作记忆之间的神经通道。从记忆中提取的次数越多，我们就能把这条通道开凿得越深，以后就越容易提取这部分信息和经历。

这方面的原理，心理学家勒迪革说得特别明白，他认为，把知识从脑海里"提取"出来的过程中，这些知识还会被复制一份再储存起来，也会在神经网络中增加新的信息联结点。这样一来，这份额外的努力就加强了大脑对这些知识的储存和提取能力。

20 世纪 80 年代，加州大学洛杉矶分校有一对姓比约克的教授夫妇，他们提出了"记忆失用理论"。他们认为，人的记忆其实有两个纬度，一个是存储强度，一个是提取强度。存储强度不会随着时间减弱，一旦一个电话号码、一个英语单词被你记住了，它就会永远存储在你的大脑里。你一定学过艾宾浩斯遗忘曲线，根据艾宾浩斯的实验，当人们新学到一样东西，20 分钟后就只能记得学到内容的 58%，一小时候后就只能记得 44%，一周后记忆的内容只有最初的 1/3，一个月后记忆的内容就只剩下 1/5 了。

按理说，知识进入长时记忆就不会丢失，可我们为什么还常常会遗忘呢？比约克夫妇认为，虽然我们的存储强度够了，但是提取强度还不够。因此，知识光靠输入和加工还不够，还要"输出"，学习过程才完整。为什么要当堂检测？其目的就在于增加提取强度。

测验其实就是促使学习者提取所学知识的一种手段，这方面的实验研究特别多，这里我举出两个。

先来看第一个实验。100年前，伦敦有个叫巴拉德的科研人员，他让一个班的小学生阅读一首诗，要求学生尽量把诗句背下来。学完休息五分钟，马上就进行默写测试，结果成绩都很一般。两天后，巴拉德突然要求学生再次默写那首诗，所有人都没想到考过之后还要再考，所以都毫无准备，考试成绩按说会惨不忍睹，结果却恰恰相反，班上的平均成绩反而提高了10%，这个实验被称为巴拉德效应。

再来看第二个实验。罗伊迪杰和巴特勒在2007年进行了一项实验，在这项实验中，研究者安排学生在三天时间里分别观看三场持续30分钟的用幻灯片播放的艺术史课程。每场课程结束后，学生分别进行以下四种活动之一：完成一份对刚才课程内容的简答题测试；完成一份对刚才课程内容的单选题测试；重新学习一遍课程中涉及的重要内容；直接走出教室。

距最后一场课程结束的30天后，这些学生全部回来完成一份对课程内容的终极简答题测试。结果，完成简答题组的成绩最好，分数达到了47/100分；单选题组和重学课程组成绩基本一样，分数为36/100分左右；而没有进行任何练习的学生分数约为20/100分。

这一研究帮助我们得出这样一些结论：第一，表现最好的是做简答题测试的学生，那是因为简答题需要学生用自己的语言来组织答案。第二，进行过测试的学习者，即使只是做选择题，也比什么都没做的表现更好。第三，将时间花费在课后测验上，尤其是简答题测验，效果是值得期待的。

课后测验被大量证据证明有利于日后提取，心理学家把"测验"称为"记忆提取练习"，它会让你将知识和技能掌握得更加牢固。按照这个理论，像背诵、写作、演讲等"有提取功能"的"提取式练习方法"，都能跟测验起到类似的作用，都能帮助学习者提升知识和技能的提取速度。

据此，心理学家研究出一套"先考试后学习"法。比如说，在阅读一本自己读不进去的书的时候，怎样克服"走神"的毛病呢？那就是先做一套测试题，当然了，你根本不必在意测试的成绩，测试的目的是让你带着问题去阅读，这样，大脑就会主动捕捉那些重要的信息，并建立更强的储存和提取回路，让你觉得知识像是被主动"赶进"你的脑海里。

总而言之，如果要培养学习者的近迁移能力，就要使他们在知识被使用时迅速而准确地提取出来。为此，在输出阶段要进行检测，尤其是简答题测验。

创造课堂展示机会

为了促进近迁移，当堂检测是一种很不错的方法，能够帮助学习者建立更强的储存和提取回路。不过，当堂检测的缺点也很明显，就是有可能使学生陷入"机械学习""枯燥训练"，一方面很难促进远迁移的发生，另一方面容易导致学习者的兴趣减弱，使学习者只是把在测验中获得好成绩作为学习的目的。

现在拍电影、电视剧速度很快，因为拍摄活动被"工业化"了。那些明星演员的时间太"贵"了，拍戏的时候，演员只要照剧本念出几句台词做出导演要求的神情动作就行了，完全不必费心思知道某个桥段的前因后果。

在输出阶段我们也要提防当堂检测存在着将学生变成演员的风险。虽然学生们能在测试中取得好成绩，可是他们根本没有理解和掌握，检测完也就忘记了。因此，有比测验考试效果更好的方式，就是在输出阶段让学生完成"真人秀"，也就是让他们在丰富的情景中去展现自我，这有利于促进远迁移。

在同伴面前做公开展示，是一种很不错的选择，虽然有点费时费事。梅里尔教授在"首要教学原理"中提出：教学过程应该以问题为中心，以激活—展示（论证）—应用—整合为循环的。他认为，教学活动的基本现状可以概括为"讲授（tell）—提问（ask）—练习（do）—表现（show）"，以往的教学将重点放在前两个环节，也就是重讲授和提问，现在必须大力加强后两个环节，即练习和表现。

梅里尔认为"表现"很重要，甚至应该成为教学过程中的中心环节，因为课堂展示活动比书面测验更有趣，也更有情境性。比约克夫妇的研究也认为，学习的时候多换几个场所，会帮你把学到的东西记得更牢，而且不受周围环境影响。

为什么丰富的情境性有利于日后对知识的提取？那是因为，我们进化出来的不是"邮政编码式记忆"，而是一种被称为"背景关联记忆"（contextual memory）的工作机制，即我们是借助事情的背景或线索等提示信息来唤醒我们回想起特定的内容。

这一点，我们平时一定很有体会。毕业 30 年的老同学聚会，回忆起当年的很多事件，如果这样问："有天晚上，你们还记得吗？就是狂欢夜那天，还下着雨……"于是，你就记起来了，或者说知识信息被提取出来了。

我们往往是通过各种提示线索从记忆中提取所需信息的，之所以能够轻轻松松地回忆起一些内容，多半依赖于周围的环境。例如：让 30 年前的老同学们回到当初的课堂里，把当年的老师也请到现场，提示线索显然更为丰富，回忆的效果比一个人关在家里回忆更好。所以，课堂教学要给学习者创造丰富的环境体验，有利于日后需要知识迁移时被快速而准确地提取。

有人专门研究，碰到问题直接从网上查找答案或者去书柜中翻书，之后进行检测，哪种方式效果更好呢？结论是克服很多困难去亲自翻书查找资料，更能实现长时记忆和精确提取。这是因为亲自查找的过程留下不少情境线索，为日后的提取提供了可能。同样，合作学习为什么效果更好，一个重要的原因也是因为合作互动本身，为将来提取信息准备了更丰富的情境线索。

学生在课堂上汇报展示自己学习成果的方法很多，各种表现类型（genre of performance）都可以被使用。课堂表现的类型主要包括三种：口头、书面、表演。其中最常见的就是口头方式，即个人表述，一般是用语言来汇报自己的成果，在合作学习中也有让小组共同汇报展示成果的。其他方式，如说一说、画一画、唱一唱、演一演都可以使用。总之，要创造各种机会，让学习者表现自己。根据多元智能理论，选择什么样的表现类型还要参考一下学习者的智能类型，尽量发挥他们的个性专长。

任何人，只要学习了新知识和新技能后，都有向他人"显摆"一下的愿望和冲动。自我表现能够让人更清楚地看到自己的进步，这本身是对学习者最有价值的激励。相比于成年人，青少年学生更自卑而敏感，因此，他们往往通过自我表现来证明自己。给学习者表现机会就是在满足他们的心理需要。

创设问题情境

教师在课堂上创设的情境，不仅应该丰富，而且应该带有探究性，那是因为具有探究性的问题情境可以从长时记忆中调动更多的图式，激活更多的旧知。

这里要补充说明一下，输出阶段的情境学习（situational learning），有两个先决条件，一是学习者必须拥有充足的基础知识、技能和动机，二是能够随时监控自己的学习过程。为什么情境学习需要这两个先决条件呢？那是因为情境学习是远迁移的学习，本身需要具备一定的能力才能胜任。

情境学习研究者凯奇纳、斯威纳和克拉克强调，50 年的研究表明，缺乏指导的教学（自主学习）与教师提供了明确结构支架的教学相比，前者效果非常不理想。当学生已有充分的前期知识、可以有效地进行自我调节学习时，在情境中的学习才能取得预期的效果。凯奇纳等人也注意到了，新手学习一个学科与专家实践一个学科不是一回事。所以，他们提醒说，试图让新手通过某种过程和程序研究一个学科的知识，而没有系统地展开坚实的知识基础学习，可能是错误的。

所以，要是不具备情景学习的先决条件，或者条件不够充分，就不必勉强使用案例分析法、模拟法、项目化学习、问题探究法、论文法等情境学习的方法。

我们接着来谈促进远迁移的情境学习。建构主义认为，应使学习在与现实情境相类似的情境中发生，以解决学生在现实生活中遇到的问题为目标，为此教师应该让学习者尝试完成真实性任务（authentic task）。而且真实世界中的问题往往同时与多个概念理论相关，所以，建构理论主张弱化学科界限，强调学科间的交叉和整合。

那真实世界中的问题有什么特点呢?

我们知道,在英语中有两个词都可以翻译成汉语的"问题":problem和 question。这两个英文单词都有"问题"的意思,却是不同的两个意思:problem 指难以解决的问题,它与动词 solve 或 settle(解决)搭配,而 question 指需要寻找答案的问题,它常与动词 ask 或 answer 连用。我们所谈到的问题,在加工阶段,教师向学生提出的问题,多数是需要"解答"的;而输出阶段的问题,是需要"解决"的,而需要解决的问题往往是"非良构"的。

什么是"非良构"?

根据知识的复杂性,斯皮罗等人将知识划分为良构领域(well-structured domain)的和非良构领域(ill-structured domain)的。所谓良构领域的知识,是指有关某一主题的事实、概念、规则和原理,它们之间是以一定的层次结构组织在一起的;而非良构领域的知识则是模糊的和不确定的。

课堂上所提出的问题也有良构和非良构之分,良构问题是清晰的和确定的,而非良构问题往往是我们日常生活中经常遇到的问题,这些问题一般以两难情境出现。由于它既不受课堂所学专业内容的限制,解决方案也是不可预料或多种多样的,因此常常需要综合不同学科内容。

总的来说,非良构问题往往具有以下一些特点:由于其中的一个或几个问题要素是未知的,或有某种程度的不确定性,所以问题本身较为模糊;有多种解决方案、解决途径或是根本不可能解决,也就是说没有一致可行的解决方案;对解决方案的评价有多重标准;不存在完全意义上的范例;问题解决所需的概念、规则、原理以及它们的组织方式均不确定,不存在能描述或预测大部分情况的一般规则或原理;要求学习者对问题表明个人的观点与信仰,从而使活动带有鲜明的个性色彩。

如解决新冠病毒带来的问题,既要保障人民生命安全,同时要发展生产、保障经济复苏,这就需要综合考虑生化、经济学、医学、数学、政治与心理学等方面知识,不同专业、不同角度的解决者均可以提出自己的解决方案。

输出阶段的情境学习，主要应对的是非良构问题，那么，学习者应该如何解决这些问题呢？建构主义的观点认为，解决非良构问题需要经历如下基本步骤：

（1）接触问题。为学习者呈现一个结构混乱的问题，比如说，新冠病毒疫情下，体育课应该怎么上。

（2）讨论和探索问题。学生们讨论这个问题与哪些知识有关联性及对这个问题的了解情况。

（3）界定问题。学生们一起合作去草拟一份课题计划，明确提出这个需要探究的问题。

（4）设计衡量是否成功解决问题的标准。学生们根据自己的心理预期思考他们的研究结果，这个步骤有助于学生们在探究过程中保持高质量。

（5）设计行动计划。学生们把他们将要做什么以及怎样做列成提纲，确定每个小组成员的角色和责任。

（6）收集信息。小组的每个成员各自收集不同的信息片段，然后把这些信息片段汇聚到小组；分析和综合这些信息和数据，对这些信息和数据进行编辑，并将它们放到某些有用的格式中——大纲、图形、表格等。

（7）设计解决方案。研究小组讨论潜在的解决方案，如果没有可行的解决方案，那么就要提供解释性的说明。

（8）评价解决方案。将这些解决方案与之前提出的"成功解决问题的标准"进行比较，以确定是否完成了原定的计划。

（9）将解决方案呈现给某个或某些"真实"的听众。学生们正式发布"新冠病毒疫情下，体育课应该怎么上"这一课题的研究结论，发布时要面对"真实"的听众，比如校长、教务主任、体育老师，或其他对解决方案感兴趣的人。这个步骤强化了学习者身份的"代入感"，赋予了这个小组的工作以真实性和重要性。

到这里我们可以总结一下，无论是课堂展示还是基于问题的学习，情境性学习都有如下几个特点：

（1）真实任务的情境。学习内容选择真实性任务，与现实问题情境联系紧密，现实问题往往是非良构的。

（2）过程的情境化。学习过程与现实问题解决过程类似，所需要的工具和资料往往隐含在情境当中，即进行真实性问题的解决。

（3）真正的互动合作。建构主义认为，学习者的知识是在一定的情境下，借助他人的帮助，如人与人之间的协作、交流，利用必要的信息，通过意义的建构而获得的。

（4）情境化的评价。情境性教学一般不需要独立于教学过程的测验，而是采用融合式测验或情境化的评价。

本讲小结

这一讲我们讨论了输出阶段的教学设计。这个阶段的主要任务是促进知识和技能的迁移，所谓能力，从某种意义上说就是迁移能力。

迁移有近迁移和远迁移之分，分别使用提取类方法和情境学习方法。

关于近迁移，我们讨论了提取类方法中的当堂检测，这种方法便于学习者更牢固地掌握基本知识，也为远迁移做好知识准备。

关于远迁移，我们讨论了情境学习的方法，因为这种方法为日后提取准备了丰富的情境线索。最适合远迁移的方法是创设问题情境，让学生在合作解决问题中形成能力。

思考题

卡尔·波普尔说："知识的增长永远始于问题，终于问题——越来越深化的问题，越来越能启发大量新问题的问题。学习的过程本质上是解决问题的过程，同时也是学习如何解决问题的过程。"可是凯奇纳等人50年的研究表明，缺乏必备知识，情境学习的效果非常不理想。这两种观点是不是矛盾的？说说你的观点。

第十讲　评价促进反思

导　语

关于课堂评价，有两种截然不同的理念，一种是"对学习做评价"，就是要对学习者的学习成果进行评价；另一种是"为了学习的评价"，就是要通过评价促进学习者的学习。本书认同后一种理念，因此，评价就不应限于针对学习者的"输出成果"，而应促进学习者的自我反思，以使他们有可能成为一个自主学习者。学习评价研究者斯蒂金斯指出，衡量评价的质量不仅要看它提供的关于学习的证据的质量，还得看它对学生未来学习的影响，"如果导致学生放弃学习，那么即使是最有效、最可靠的评价都不能被认为是高质量的评价"。

从"为了学习的评价"的角度看，课堂教学过程中的每个阶段：预备—输入—加工—输出—反思，都应该对学习者的学习做评价，那是因为教师需要随时掌握学习者的信息，以便不断做出教学决策。但在反思阶段，课堂评价的任务更为重要。因为在这个阶段，学习者已经输出了他们的学习成果，这是学习者对他们的学习过程做出完整反思的重要时刻。

什么是反思？反思与"正思"相反，如果"正思"是对着外部的对象进行思考的话，反思则是思考者对自身的思考，是一种自省和内省。学习中的反思是学习者对自己的学习过程所做的再思考与再审视。

人类的本能是"正思"而不是"反思"，有时候即使事情遇到障碍，我们一般也会倾向于将责任推向外部，而不太会做自我的内省。正如哲学家福柯所说，"人们经常知道自己在做什么，也知道为什么做所做的事，但不知道自己为所做的事到底做了些什么"。因为反思是指向我们自身的，是对自认为理所当然和自然而然的知识、观念所发起的挑战，所以很少有人愿意做自我反思。

因为反思很难靠学习者自动发生和完成，所以教师就要帮助他们成为一个反思性学习者。这一讲我们主要讲解在反思阶段教师的主要任务：

第一，对学习者的学习成果进行反馈。通常人们只看到眼前的事物，擅长对眼前的事物进行"正思"，却往往看不清自己。为了要看清自己，那就要借助镜子，所以反思一直和镜子的隐喻联系在一起的。从教学的角度看，反思需要一面摆在学习者面前的镜子。

第二，做基于标准的评价。我们将评价视为反映学生学习进展状况的一种反馈方法，教师的评价系统越是保持足够的稳定性，学生就越会把教师的反馈当作他们学习表现的一面镜子。教师对学习者的学习所做的反馈，要有依据、标准，而且要保持较高的信度和效度。否则，"镜子"就失真、变形了，成了"哈哈镜"。

第三，促进学习者做反思性思考。教师对学习者的学习成果做出反馈和处理，目的是为了促进反思，因此我们一般采用这样的方法：要求学生解释和说明他们所给出的答案的理由。

学习评价的三个基本问题

说起评价，这是一个十分复杂且充满争议的学术领地，为了简便易行，我想谈以下三点：

第一，我们为什么要做评价？

我们将评价的目的锁定在"促进学习者反思"。这一目的也符合教育部颁布的《基础教育改革纲要（试行）》，《纲要》指出要"建立促进学生全面发展的评价体系。评价不仅要关注学生的学业成绩，而且要发展学生多方面的潜能，了解学生发展中的需求，帮助学生认识自我，建立自信，发挥评价的教育功能，促进学生在原有水平上的发展。"

可是，从目前的现状来看，评价最大的用途似乎是给学生划分"等级"。因为要划分等级，不可避免地就要使用"常模参照"评分系统进行评价，而这样的评分系统强化的只能是"负期望"，只会加剧学生之间的竞争，同时也限制了获得正强化的学生的人数。因此，将评价目的确立在划分等级上，极其不利于学习者对自己的学习做出反思。这就是为什么我们十分强调使用"标准参照式"评价系统来避免出现评价妨碍学习的问题。

第二，我们应该如何做评价？

做好教学设计，要解决好三个最为重要的问题：一是教学目标，学习者在思想和行为上应该出现什么变化？二是学业评价，你怎样知道这些变化已经发生了？三是教学过程，什么活动能促进学生在思想和行为上发生变化？这三个问题实质上在说，教学活动的目的是为了让学习者发生"变化"，如何才能知道学习者是否发生你所预期的变化，以及变化的程度如何？这就要搜集证据。我们将评价视为搜集证据以证明学习者是否达成教学目标的过程。

当前学生评价中使用的评价方法大抵可以归为量化评价方法和质性评价方法两大类。两种不同的方法在学生评价中都具有各自的优势和不足。量化评价方法科学性强、信度高，便于统计处理，所以学业评价方法主要以量化分析为主。但是学生身上的许多能力和品质不是一定能量化出来的，单纯的量化评价会丢失许多真实信息，可能形成对学生的片面评价。

这就要请出质性评价来帮忙。质性评价方法通常记录学生的各种行为表现、作品或者思考等描述性的内容，它不仅具体直观地描述出学生发展的独特性和差异性，而且更全面地反映了学生发展的状况。它强调评价的过程性、情景性和具体性，而不仅仅是给出一个分数，这对于促进学生的发展具有非常重要的价值。但质性评价更多是一种"主观性主体"对"主观性客体"的评价，容易受到评价者自身的局限性和情感性的干扰和束缚。

因此，要对学生形成准确真实的评价，就需要将量化评价和质性评价结合起来，根据实际情况和不同的评价目标、评价内容，灵活选取不同的评价方法。在这一讲中，我们就要一起来讨论量化评价和质性评价的方法。

第三，我们应该如何处理评价结果？

课堂评价既在做事实判断，也在做价值判断。所谓事实判断是关于学生学习状况与表现的描述性判断，也就是利用测量或非测量的种种方法，系统地收集资料，在此基础上对学生或学生的某种属性、行为表现等做出符合事实的判断。事实判断的结果可以以量化的分数出现，也可以以定性描述的形式出现。

一般而言，学校所采用的一系列评定学生表现及成绩的方式，如考试与测验、实践与口头评价、教师实施的基于课堂的评价、档案袋等，其本身都是专注于事实层面的判断。但是，只做事实判断是远远不够的，还要对学习者的学习做出价值判断。所谓价值判断就是解释性判断，是在事实判断的基础上进行的"对学生意味着什么"的判断，是对学生发展意义的解释。举个例子，你说"郑杰上班迟到了六次"，这是事实判断，是描述性的，评价就要输出这样的判断结果。但是，如果你说"郑杰的劳动纪律涣散"，这句话就属于价值判断。

价值判断是基于事实判断而做出的，可也不完全如此。价值判断不仅受事实判断的影响，也受评价者本人的价值观影响，也许你根据"郑杰上班迟到了六次"这一事实判断，得出的结论是"郑杰很诚实，因为他每次迟到都真实地签到"。可见，一定的教育价值观对评价过程具有统整作用，它规定着学生评价内容的选择、方法的运用等。

在教学的反思阶段，我们的价值观念是"评价要促进学习"，基于这样的理念，教师就要限制那些将学习者的注意力引向外部原因的任务，这些任务包括近距离的监控、截止日期、受惩罚的威胁、竞赛等。我们已经知道，评价学生的时候尽量不要采用竞赛或与其他学生进行比较的办法。因为竞赛活动把学生的注意力吸引到输赢上，而不是所学的内容上。竞赛的失败会导致学生自尊心受挫，并容易使学生把失败归因于自己能力不足，而不是做理性反思。

现在我们已经知道在反思阶段，教师对学习者的评价主要是促进反思，那么，评价达到怎样的要求才有利于促进学生做自我反思呢？答案是做基于标准的评价。

首先我们不应该使用"常模参照"这一评价模式。因为这种评价模式是将其他学生作为"常模"，拿着某一学生跟那个"常模"进行比较。通过参考常模的成绩，来判断并解释某个学生的学业表现，显然，这不利于学习者做反思。因此，另外一种评价模式"标准参照"才是反思阶段的标配。"标准参照"是一种绝对性的评价，就是所谓的基于标准的评价，这种评价模式只是判断学习者是否已经达到"标准"，而不是跟其他人做任何比较。

现在我举例子来说明两种评价模式的区别：假如你说，"郑杰同学的考试分数超过了85%的学生"，郑杰的第一反应是"哇！他们太厉害了！我已经那么努力了，可还是没赶上他们。"假如你换一种说法，"郑杰掌握了85%的测验内容"，郑杰的第一反应是"还有15%没有掌握啊！我错在哪里呢？"请注意，标准参照评价完全不依赖于其他学生的表现，而仅仅依据学生对所测内容的实际掌握情况。

在反思阶段，教师要让学习者知道，出错也是学习的一部分，对错误进行分析能够提高自己的学业水平。而假如我们使用常模参照评价，其实就在告诉学习者，你比别人差而不是你哪里出错了。

这里我要进一步强调，即使对"学困生"，也不能随意降低对他们学业评价的标准，也就是说对有能力缺陷的学生，在评价标准方面也应该与所有其他学习者相同。这一点，在美国是有立法保护的，美国的《残疾人教育法》和《不让一个孩子掉队》等法案都要求为所有的学生提供相同的内容标准，不允许有例外。即使对那些有严重认知缺陷的学生，也不能随意降低标准。为什么一定要严守标准进行评价？还是为了避免在成绩好的和成绩差的学生之间做不必要的区分。一些教师对成绩差的学生持较低的期望值，并倾向于当他们的成绩不足的时候也给予表扬或其他积极的评价，这不利于学生的学习和成长。

现在我们已经知道，采用标准参照评价模式有利于学习者对自己的学习做出自我反思。那么评价依据的标准是什么呢？那就是教学目标。我们的教学设计非常强调目标导向，确立目标后，教学活动和评价方案都应该与目标保持一致性。那么，教学目标从哪里来呢？教学目标应该根据课程标准来设定，而评估标准也应根据课程标准来设定。

下面我们小结一下，为了通过评价促进学习者的学习，这种评价就要促进反思，因此就要基于标准，而标准要具体可测量。有了标准后，我们再来决定，到底应该采用量化评价方法还是使用质性评价方法。

量化评价大有可为

任何事物都具有量和质两个方面，对事物做评价也可以从量和质两方面进行。在教学评价中，相应地也存在着量化评价和质性评价两种范式。只要说到测验、考试，那一般就是量化评价了，而行为观察和记录、成长记录袋、情景测验等方法就是质性评价。

如果用最简单的方法来区分两者，那就是输出的结果不同。量化评价输出的是数字，也就是抽象的分数；质性评价输出的一般是文字，也就是描述性语言。比如说，给你的成绩报告单上写着 85 分，那就是量化评价的结果，写着"你在小组讨论中能主动承担组织者的工作"，这就是质性评价输出的结果。

到底哪种评价办法更好呢？这要看教学目标和学习内容是什么了。有关评价功能方面的研究认为，质性评价的主战场在于非认知方面的学习内容以及迁移能力，而对于集中于记忆、规则、概念、原理及理论的学习内容和目标类型等方面，质性评价并没有优势。

在教学的反思阶段，还是要尽量多地使用量化评价，那是因为反思阶段的评价一定要基于标准，而量化评价的最鲜明特征就是可以执行统一的标准。目前看来，认知方面的大部分的学习内容和目标都可以通过评价将评价内容转化为可以量化的数量，尤其是互联网和大数据技术的引入，为量化评价创造了更多有利条件。

使用量化统计方法来分析数据结果，可以更准确地分析和判断学习者的学习情况。比如说，我想评价你是否记住了十个单词，我就可以通过测试题考你，然后清楚地告诉你，你已经记住了十个中的几个。对认知方面的评价，"记忆"显然是最容易测量的。

不仅记忆性的学习内容可以被测量，理解性内容也能被测量。比如说，我想评价你是否理解了"反思"的含义，根据《追求理解的教学设计》一书中的推荐，我可以从六个方面来测试你：

（1）解释。用你自己的话说说什么是"反思"，并举出一个自我反思的实例。

（2）阐明。说说为什么要反思，说说反思对于你个人学习成长的重要性。

（3）应用。拟定一个自我反思计划，这一计划只针对这一章节的学习。

（4）洞察。这一章节中谈到反思一定要有标准，你同意这个观点吗？为什么？

（5）神入。《追求理解的教学设计》一书的作者认为，标准化测试更有可能促进学习者反思。作者是如何得出这个结论的？你同意这个结论吗？

（6）自知。你平时在学习过程中能反思自己吗？你的反思有哪些内容？你的反思有标准吗？

认知活动中的记忆和理解都能被量化评价，对迁移能力的评价相对难一些，但也不是不可能。这里要说明一下，你觉得很难量化的内容，并不等于难以量化，可能只是你还没有掌握量化方法。主张量化评价的专家们很自信地认为，"凡存在的东西必有数量，凡有数量的东西都可测量"。

只要说到量化评价，就一定要说到测验。测验是最常用的量化评价手段或工具。如果测验的有效性不够高，那么量化评价也就会出现问题。为了确保测验的有效性，以下三点都是要详加考虑的：

第一，选择合适的题型。我们一般可以把测试方法分为：是非题、匹配题、选择题、简答题（填充题）、论述题、小论文、反思与案例、项目报告、作品集。一般而言，按照排列顺序，越靠前的越是强调基础知识、事实性知识的测试，越往后的越是需要远迁移的任务，越是考察学习者的能力，相对花费的测试时间也越长。

第二，保证信度。信度即可靠性，主要就是指测量数据的可靠程度。如果测试题太难或太容易，都会降低试卷的信度，所以要按标准来出题；题目用语不标准、不准确也会降低试卷的信度。布鲁纳认为试题选择与编写的七条一般性建议分别是：试题应该清楚地提出一个单独而明确的问题；试题的阅读难度和语言难度应当适合考生的水平；所有试题均应该避免重复现象，并尽可能清晰、简洁；无论何时都要尽可能使用简明的单词——意义准确且清晰的单词；试题在语法和标点符号方面应该完美无缺；避免提供正确答案的线索；每一题都应予以编辑。

第三，控制效度。效度即有效性，测量结果与要考察的内容越吻合，则效度越高；反之，则效度越低。之前我们已经强调，测试题要按照课程标准的要求来设计，以确保内容效度。我们一般还建议使用双向细目表来保证内容效度，关于双向细目表及其在试卷编制中的作用，不在本书讨论范围内，在此略过。

总而言之，基于标准的评价，少不了量化评价，因为量化评价客观性强，准确而高效。但是，量化评价本身存在一些缺陷，如果操作不当，特别是对量化评价结果只做简单化处理，比如用于排名评优评先之类的，那就容易忽略人的行为的主体性、创造性和不可预测性，忽略学习过程本身的价值。所以，量化评价并非评价的全部。

接着我们来讨论质性评价。

质性评价也要基于标准

说起质性评价，我们应该都不陌生，平时班主任写评语就是在做质性评价。

我们一般会把无法量化或很难量化的评价内容，用质性评价的方法来呈现。我们这里所说的难以量化是指那些本来就没有什么固定答案或确实无法下手的内容，就得使用质性评价。比如说，一个人的品德就难以量化，先不说人类道德标准中本身就很有争议性的那些内容，即使是毫无争议的"爱妈妈"之类的道德标准，也难以量化。不仅品德难以量化，音乐、美术、体育等学科中的一些学习内容和目标类型也难以量化，带有跨学科性质的 STEAM 课程、项目化学习，更是开放性的活动，这些方面的输出成果普遍都难以量化。

质性评价虽然不给分数，但是相比于量化评价，专业要求更高。如果不按操作要领来，或者评价者本身诚信度不高，质性评价就特别容易变成"胡乱评价""随意评价"，特别是在"高利害"考试中，比如高考、任职资格考试之类的重大考试中，为了确保公正性，恐怕不太会使用质性评价。

为了克服质性评价的缺点，一般的做法是在质性评价中强化"基于标准"的评价意识，精心设计表现性任务、评分规则和标准，适当减少教师的"自由裁量"和"随意判断"，以提高评价的信度和效度。

质性评价中最常用的方法是表现性评价，还有一种是非常热门但不太常用的档案袋评价。在我们的反思阶段的教学中，有很多机会用到表现性评价，那么，什么是表现性评价？

表现性评价（performance assessment）是在 20 世纪 90 年代的美国兴起的一种评价方式，主要是通过让学生完成某一实际任务来评价学生的学业状况。

不少研究者把表现性评价称为真实性评价，那是因为表现性评价所设计的表现性任务必须接近真实生活，要么是真实生活中发生的问题，要么是模拟真实生活。为什么必须真实？道理很简单，一个人的迁移能力、情感、素养，都应该放在真实的场景中去考量。

表现性评价有技术要求，我们来看看这一质性评价是如何基于标准的：评价必须指向教学目标；多元评价；通过沟通促进反思；设立评价标准。

第一，评价必须指向教学目标。无论是量化评价还是质性评价，任何评价从本质上说都是在搜集证据并做出判断的过程。搜集证据干什么？无非是要推断学习者的学习是否达到教学目标。量化评价搜集证据主要使用间接的方式，也就是通过纸笔进行测试，人为因素很小，比较客观；而质性评价搜集证据则是通过直接观察，难免受评价者个人偏好的影响。

因为质性评价靠评价者亲身观察，而对学习者做全景式的观察是很难的，这就需要聚焦，聚焦在哪里？聚焦在教学目标上。质性评价比量化评价更需要强调这一点，否则评价中发生目标偏移将会变得司空见惯。所以，实施表现性评价前，一定要将自己的评价目标明确、具体地描述出来。

第二，多元评价。不同于纸笔测试，表现性评价搜集证据时需要观察，而教师一个人在课堂上对所有人进行观察，是力所不能及的，因此需要多元评价。在课堂上，自我评价或学生互评是一种常见的教学活动。自评和互评的作用不仅在于协助教师"观察"，更能调动学习者学习的积极性，并提高他们的自我反思能力。

第三，通过沟通促进反思。因为质性评价总体来说不如量化评价那么公正和客观，这有可能不利于被评价者的自我反思，而我们在"反思阶段"的教学评价，其主要功能就是要促进学习者反思。为此，教师在评价过程中要与学习者协商讨论，引导他们的反思行为。

我这么说，显然是把质性评价做功利化解读了，主张质性评价的专家学者对质性评价的解释要更为宽泛。他们会说，知识的形成和发展并非只受知识内在理性原则的限制或是纯粹由理性推论而来，它是由主体的意识作用在日常生活世界并不断与其他的人和事物接触，以此来建立可供沟通的知识，即知识的形成是经由"协商"的过程而来的。人们应从不同的立场交换彼此的观点，并用来诠释行为的意义，并进而建立日常生活中共识的规则或知识。因此，质性评价的主要特征是强调过程、对话、协商和理解。

我认为以上说法没错，我也认同。但是我们这门教学设计课强调"系统优化"的思想，就不得不考虑操作性和有效性。从增强质性评价的信度和效度角度考虑，教师与学习者之间的沟通是必需的。

第四，设立评价标准。表现性评价的一个重要的发展趋势就是向量化评价学习"标准化"。

表现性评价虽说是一种"质性评价"，可毕竟也还是一种评价，那就一定要有标准。表现性评价如何设定评价标准？表现性评价要求每一项评价标准都尽量"量化"，往往会用数字等级量表来表示，以给学生的行为反应赋分，如从 0 到 6。这些数值通常都要配上文字描述。

下面举个例子。大家知道表现性活动经常在合作中完成，合作学习研究者弗梅蒂开发了一套课堂标准，用于评估合作性的行为，具体标准如下：

5 分：得到 5 分的并不是那些在小组活动中表现最好的小组或学生。凡是那些热情参与、乐于助人、完成预期目标的小组或个人都可以获得5分。

4分：学生努力地与小组同伴一起工作，积极设法完成任务。

3分与2分：不能完成预期的目标，经常偏离主题，需要教师一直监督才能使活动开展下去。

1分与0分：学生的行为特别出格，比如拒绝参加合作学习或是受过几次严厉警告之后被劝退出组。

你看标准何其明确！再举个例子，斯滕伯格提出的关于分析能力的教学量规如下：

0分：完全错误或离题。

1分：几乎没有做出回答；或即使做出了回答，答案中表明几乎不知道要求回答的问题是什么；答案可能只是在重复问题。

2分：几乎没有分析的证据；很少或几乎没有理解回答问题需要什么样的思维过程；回答可能是笼统含糊的、照搬照抄的，或者看起来是死记硬背的而不是思考的结果。

3分：一定程度上理解了回答问题需要什么样的思维过程，但是包含了不正确或部分正确的答案或者解决方案；回答可能是不合逻辑的。

4分：从回答中能看出基本上理解了教材，运用了合理的思维过程，得出了满意的、合乎逻辑的答案。

5分：从回答中能看出达到了思维过程所要求的理解的复杂性和深刻性；学生清晰地表达了所要求的思维，如说出了思维的过程，解释了要解决什么样的问题，或超越了问题本身所提出的要求。

这里要特别强调的是，表现性评价是反对量化评价的，可是有意思的是，表现性评价也在努力提高标准化水平，甚至其量化水平还不低。这是因为，"基于标准的评价"实际上是评价的"命脉"。

对评价结果的三种处理方式

我们已经知道，反思阶段的评价，目的是为了促进学习者做自我反思。从这个角度看，教师可以对评价结果做出以下处理：让学习者做自我解释；描述与提示；反馈与强化。从效果上来看，这些处理方式在促进反思方面的效用是逐步递减的，也就是说，越是让学习者做自我解释，促进反思的效果越好，而强化手段应该谨慎使用。下面我们依次来讨论。

第一，自我解释。研究者们通过实验研究得出一个重要的结论：自我解释不仅能构建更好的解题过程，而且能帮助学生更彻底地理解基本原理。

国内学者季清华等人仔细研究了优秀学生和后进生在对待学习结果时的态度后发现，优等组的学生常常会审视自己的理解，也就是说，无论他们是否理解了问题，都会大方地说出来，在遇到难题的时候他们也不会羞于承认。研究者们说："优等组的学生比其他组的学生更容易意识到自己没弄懂。"最重要的是，当优等组的学生发现并看清自己理解上存在的问题时，会主动去修正。这一研究结论给我们带来的启示是，教师不能止步于告知评价结果的对错，而要敦促学习者解释自己对或错的原因。

第二，描述与提示。学生发生错误，我们可以描述与提示，但不要指责。面对评价结果，应该通过描述让学习者意识到自己存在的问题；如果学生仍然没有意识到，或者不愿改正，则应该给出一定的提示。这里需要特别强调的是，尽量不要因为学习结果不理想而指责他们，更不能给他们贴上任何负面的标签。

描述问题而不是指责，可以让学生把注意力集中在问题本身，他们也会更愿意对自己负责。比如：有个学生在答题时漏了一个重要步骤，描述性的语言是"这个步骤很重要，漏掉这个步骤就得不到正确的结论，我发现你这个情况已经发生三次了"。换成指责的语气则是这样的："怎么又做错了，你到底有没有长脑子，说了多少遍了，学习到底是不是你自己的事……"

在使用描述性语言的时候，教师可以适当表达一些个人感受，比如说"解题中好几次发生这个问题，我有点失望"。表达自己私人感受的最大好处就是拉近与学习者的距离，对学习者正视自己的问题并促进他们自我反思是有益的。但是表达感受千万不能夸张，即使是小小的夸张都有可能适得其反。

如果描述事实和表达感受后，学生并不"领情"，那么就需要给他们一些提示了。

提示与告知不同，提示一般是使用简单语句或手势。青少年学生特别讨厌老生常谈式的说教，而提示语往往更容易被他们接受，比如说，"这道题错了吧，想想上次我们讲过的审题三大要领，还记得吗？"这就是典型的提示语。如果用幽默的方式来提示学生，效果会更好，比如，"天呐，又漏啦又漏啦，我头都被淋湿啦！"试试机器人的口吻，模仿程序化的声音对学生说："所有——错别字——句子不通——前后脱节——必须——应该——一定一定——下次测验——消失，否则——地球——即将——毁灭。"

第三，反馈与强化。反思阶段的反馈，目的在于促进反思，因此反馈不宜频繁。研究者发现，一旦反馈接受者意识到反馈次数过多时，便会产生一种失去自我控制的感觉，极可能导致他们不再愿意做自我反思。黑梅利在对反馈间隔的研究中发现，每完成一项观测后就进行一次反馈，对学业成绩所产生的负面影响要比完成整个观测后再提供反馈的负面影响大得多。

记得在第一讲中我们讨论过行为理论中的核心概念"强化"，关于强化，这里还想要做几条补充。

首先，应该夸奖学生努力而不是聪明。研究者对于夸奖方法的有效性问题，对纽约 20 所学校的 400 名五年级学生进行了长期研究。在实验中，他们让孩子们独立完成一系列智力拼图任务，结果发现，如果夸奖学生聪明，不能让他们拼得更好，反而还更差了；那些被夸奖努力的学生，他们拼得更好。

心理学家德韦克解释说："鼓励，即夸奖孩子努力用功，会给孩子一个可以自己掌控大局的感觉。孩子会认为，成功与否掌握在他们自己手中。反之，表扬，即夸奖孩子聪明，就等于告诉他们成功不在自己的掌握之中。这样，当他们面对失败时，往往束手无策。"德韦克还发现，无论孩子有怎样的家庭背景，都受不了被夸奖聪明后遭受挫折的失败感。男孩女孩都一样，尤其是成绩好的女孩，遭受的打击程度最大。甚至学龄前儿童也一样，这样的表扬都会害了他们。

其次，私下表扬比公开表扬效果更好。有时候，当众表扬可能会让学生觉得尴尬，并不会起到强化学生行为的作用。

学生们更愿意与他们的同伴保持一致，而不是被老师特别夸奖。一般说来，学生更喜欢私下的、悄无声息的表扬，而且他们更喜欢在学业上取得成绩时被表扬，而不喜欢因为自己的良好行为受到表扬，尤其反感因为服从老师或其他成年人的教训而受到表扬。

最后，表扬的质量比数量更重要。频繁的和低质量的表扬是"廉价"的，而有效的表扬有以下特征：高度注意学生的进步；对他们的努力表达出"欣赏"和"羡慕"；真诚而不是例行公事，研究发现，表扬学生时教师是真实可信和有感而发的，这会带来更好的效果。

廉价的表扬往往发生在教师在与后进生互动的时候，出于好意，教师甚至会表扬表现得很差劲的学生，以为这就是在鼓励差生，但缺乏可信度的表扬只会使学生不知所措，尤其是当这些学生意识到教师对他们区别对待时，他们实际上受到了"双重伤害"。

说完表扬，我们再来说两句批评。从教学要促进学习者做自我反思这一角度看，批评的效果是最差的。但是，如果学生的问题严重，却拒绝做出任何改变，批评也是一个选项。一般的建议是，批评孩子的时候，先不要把注意力集中在孩子的错误上，而要先从孩子的优点或成绩开始描述，然后再指出还需要改进的地方。这一点非常微妙，也非常重要，它表明你对孩子的整体表现是欣赏的，你要传递给他的信息是：你批评他是因为对他寄予厚望，你相信他完全能做到更好，只要稍微再改进一下就能很完美。

本讲小结

教学的五个阶段，反思是最后一个阶段，反思是为了未来更好地学习。但是，出于本性，人们往往选择向外怪罪，而不是向内反思。这就需要通过评价来促进学习者的反思。

关于什么样的评价模式更好，这方面争议很大，标准化考试总是让人诟病。但是，量化评价模式公正而客观，有利于输出被学习者接受的事实和数据，从而更有可能提供用于反思的镜子。

质性评价一直是量化评价的替代性方案。为了防止质性评价沦为乱评价，就要提高质性评价的技术标准，向量化评价学习如何"标准化"。

无论量化评价还是质性评价，都要对输出的评价结果进行处理，处理方式主要是让学习者做自我解释、描述与提示、反馈与强化。从促进反思这一维度看，这三种处理方法的功效呈递减趋势。

思考题

对于基于标准的评价，一些带有强烈人文色彩的专家学者可能批评说，教育怎么可以被标准化呢？他们主张以欣赏的态度对待被评价者，主张善于发现评价对象的一切"闪光点"，多多看到评价对象的个性、多样性。对此，你是怎么看的？

第十一讲　系统设计教学

导　语

这一讲开始，我们来讨论如何用系统思维来指导教学设计。

教学设计是个技术活，教学设计的技术来自于科学理论，就像医生动手术，个人风格和创造力并非医生行业专业化的象征。其实教师专业类似于医生，我们的专业也来自于技术和科学，在教法方面创造力发挥的余地是不大的。

有人坚定地认为，教无定法，我承认，确实教无定法。对处于不同情况下的每个人来说，根本不存在某种放之四海而皆准的规则或定律，也不可能用这种规则和定律在任何一种情况下都最优地促进教学过程。教学过程复杂多变的属性以及在每一个学习情境中出现的不同的个别差异，排除了提出任何这一类规则的可能性。

不过，话说回来，对大多数人来说，在大多数情况下，有一些一般的因素、条件和过程影响着大多数学习类型。不管存在多少种教法，也无论学生的个人特点如何的"千奇百怪"，有些因素必须被考虑，有些条件一定要满足，有些过程肯定会发生。这大概就是"万变不离其宗"。

因此，我们的教学设计其实就是要做决定，决定使用什么样的教法更有效。这是我们这门课的出发点，要是你认为不存在着一般意义上的教法，我们讨论教学设计的前提就不成立了。

这一讲我们主要探讨哪些因素在影响教学设计，我们应该如何系统地考虑这些因素，并使我们的教学达到最优。在这一讲的最后，我们还要讨论一下教师的个人成长，以及如何通过校本研修和团队学习促进自我反思。

教学的不自由

该怎么教不该怎么教，这在大多数情况下都已经被限定了。学习理论研究越是发展和发达，对教师教学上的要求必然也越多。有些人主张让教学回归简单，我万分不同意，我们对人类学习这一现象的认识在深化，学习有多复杂，教学就有多复杂。这又如同医生给患者看病，以前望闻问切就够了，现在则是整座医院建立了复杂的协作体系才能有效治疗。所以，我们学习教学设计这门课，就是要懂得更多的限定条件，时刻告诉自己，教学并非可以随心所欲的，即使如舞蹈这类看似自由的舞台艺术，每个富有美感的动作，也都是建立在扎实的基本功上的。

总结下来，制约我们在教学上任意发挥的因素主要有四项：学习的规律；学习内容和目标；学习者原有的知识基础；学习的过程。下面稍作展开：

首先是学习规律。行为理论、认知理论、建构理论，这些学习理论都在试图对人类学习行为做出解释，并依据他们做出的解释给出教学建议，比如说，行为理论的建议是"直导式教学"（掌握学习），认知理论的建议是"发现式学习"，建构理论的建议是"情境学习"和"问题驱动教学法"。表面上看这些理论各说各的，可是深究起来，它们没有根本的冲突，相反，它们只是看问题的视角不同，而实际上却是互相完善和补益的。

其次是学习内容和目标。课程标准、教材和考试要求已经大致上规定了学习内容和目标，自从有了课程标准以后，教学就要"基于标准"；而不同的学习内容和目标下，教法也没有太大的可选择余地。比如说，教知识和教技能，方法应该不同。在知识教学中，事实、程序、概念和原理，教学方法也应该不同，你用探究的方法教概念和原理，那是合理的，而用探究的方法教事实，那就犯了"杀鸡用牛刀"的毛病。

再次是学习者原有的知识基础。人不可能理解、记住或学会自己完全不熟悉的东西，根据这一原理，在做教学设计前，教师就要充分了解学习者的知识背景和图式，不能为了赶时间而急着输入新知，如果旧知存在偏差，建立在旧知基础上的新知也就学不好。对学生原有的知识视而不见，可能导致他们对知识做出似是而非的甚至是错误的理解。

最后是学习的过程。信息加工理论认为，学习就是这样的一个过程：新信息进入感觉记忆，经过工作记忆的加工和编码后，进入长时记忆，而后在需要的时候被提取出来。这个过程中的关键在于加工和编码，使学习者获得了知识的"深层结构"。根据信息加工理论对学习过程的解释，本书提出了一个教学的五阶段流程：预备—输入—加工—输出—反思。这个流程提供了一个大框架，一堂课的花样再多，也万变不离其宗。

一般而言，无论什么课，都需要安排"预备阶段"的学习活动，都要在课堂教学的起始阶段激发学习者的学习动机，也都要安排"反思阶段"的学习活动，以培养学习者的自主能力。其他三个阶段，根据教学目标不同，重心也将有所不同。

输入阶段主要针对的是"知道"。也就是说，假如我们只是教授"事实性知识"，设定的教学目标是"知道"而不需要"理解"，那么有效输入是一堂课的重心，加工和输出反而不是太重要。此时，你的教法可以是接受式（讲授法）的教学方式。

加工阶段主要针对"理解"。假定你要教概念和原理，尤其是教授概念，特别是概念中的"抽象概念"，你设定的教学目标应该是"理解"，这就要进行一系列编码活动，所以一堂课的重心应该放在加工阶段。这个阶段也会给学习者尝试应用知识的机会，可是让他们应用知识的目的在于促进理解。要是所教内容容易理解，或者学生原有知识水平偏低，我们可以使用直导式教学，如果希望加深理解，则要使用指导发现式教学法。

输出阶段主要针对"迁移"。一般教授原理时，特别要强调迁移，在输出阶段的教法上，指导发现式教学针对的是近迁移，如果需要远迁移，则需要探究式教学。

现在有不少研究针对学习者的差异性，认为要给每个学生"适切"的教育，这个理想很诱人。但是，我们做教学设计，却不能夸大学习者的个体差异性，虽然有人天资聪颖有人天资平平，可是对绝大多数学习者来说，学习的过程是一致的，这种一致性要远远超过差异性。人类之所以成为一个类，基因的相似性远大于差异性，在学习方面更是如此。新信息输入，一定是先进入感觉记忆，经过筛选后加入工作记忆，经过与旧知识整合后进入长时记忆，你说有人会有例外吗？估计会有，可是绝对不会多。如果你认识到这就是人类的共性，那么我们就可以要求学生们改变他们不正确的学习方式，让他们经过训练学会这套方法。

我们之所以要做教学设计，就是要根据以上四大限定性因素，将可以定下的教法敲定下来，而后结合具体的教学场景进行适当的微调。

教师只有做好了充分的教学准备，才有多余的精力去应对课堂中可能出现的"意外"。所谓"意外"就是那些你在教学设计中未曾设想到的情况。在四种教法中，讲授法和直导式教学出现意外的可能性较小，所以教学设计可以简单一些；而发现式和探究式教学中，学生的自主性更强，出现意外的几率更大，也更频繁，教学设计就更要考虑周全。

越是新手教师，因为缺乏经验或专业准备不足，学生们的正常反应也会被当成"意外"，那当然意外频繁；如果教学设计做得不够好，很有可能教师自身就成为了课堂麻烦的制造者。

够用就好

教学领域流派众多，被造出来的概念也特别多，让人目不暇接。科学的教学设计一定是博采众长的，要保持教法上的灵活多样性。

科学的教学设计是坚决反对使用单一的教学方式来包打天下的。比如说，合作学习取得了很好的效果，但是在做教学设计时，不能只采用这一种方式；即使使用了合作学习，也要对合作学习系统内的各个部分和过程加以统整，综合考察教师、学生和目标等因素，对合作学习策略进行优化处理，以取得最佳效果。

那如何才能做到对教法的优化处理呢？这就要用到系统思维了。可以说，系统思维是教学设计最强有力的武器。

什么是系统思维？用最简单的话来说，系统思维就是"不一定"的思维。

举例子来说明吧，通过学习教学设计的原理和方法，你学到了一些确定性的知识，最基本的学习一定是确定性的，比如教学的基本原理、学习内容的分类、教学的四种方式、教学的五个阶段、合作学习的要领等。之后，当你用这些确定性的知识做教学设计的时候，就遇到了两种情况，一种情况是简单套用所学到的知识就可以了；而另一种情况是无法简单套用所学知识，到底怎么教才好，没有确定性的答案，这就是系统思维所说的"不一定"。

在教学设计中，会遇到很多"不一定"的情况，这么做也行那么做也行，这时候你要做决策了，怎么才能保证决策是对的，就要有"权变思想"，权变思想就是建立了不认死道理的思想，就是将"原则性与灵活性相结合"的思想。

不过，建立权变思想还不是最高境界，什么是最高境界呢？最高境界，就是要知道"不一定"后面的逻辑，你不仅知道原则性要和灵活性相结合，你还知道摸索出什么情况下应该讲原则，什么情况下应该要灵活。在教学设计中，你知道具体在哪些情况下选择什么样的方法最合适，这就是系统思维，也是"最优"思想。要是你建立了系统思维，你的认知境界就又升高了一层。

为了帮助大家更好地理解系统思维，下面我再举几个商业界的例子。先来说说失败的案例，再来说说成功的案例。

在我们的印象中，日本的商人很有"匠人之心"，他们不计成本，也要把自己的产品像艺术品一样雕琢到极致。比如日本人做的铁质茶壶，需要68道工艺，一道也不能省。但是，匠人之心有时候却很失败。液晶电视制造厂做液晶屏幕，以红、绿、蓝光学三原色调色，可夏普公司非要增加一个黄色，让可显示的色彩数增加一千倍。其实这么做出来的成品，消费者根本觉察不了夏普屏与其他屏的区别，可生产成本却很高。2016年，夏普宣布破产。夏普为什么会失败？因为增加一个黄色增加了成本，导致市场竞争力下降，最终被淘汰出局，所以你看四种颜色的屏幕实际上并不是最优设计。

下面我再来讲讲成功的例子。也还是日本的企业，摄影爱好者都知道奥林巴斯相机，他们非常固执地坚持使用4/3系统，其他数码相机都使用"全画幅"了，可为什么奥林巴斯却坚持使用小尺寸的传感器？那是因为虽然全画幅相机的机身已经非常紧凑，但镜头比4/3系统的更长、更重。奥林巴斯其实是牺牲了传感器的尺码，而做到了镜头、像素、传感器的均衡，所以你拿单项来比较，奥林巴斯相机没那么突出，但是综合起来看，却是最优的。我进课堂拍照，随身携带着的相机，一定是奥林巴斯微单。

在教学设计方面，真正的内行，秉持的设计原则是"够用就好"。合作学习专家、问题化教学专家也好，项目化学习专家也罢，他们是各自领域的专家，可未必一定是课堂教学的专家，课堂教学专家是"设计师"而不是"科学家"。设计师在思考问题的时候，一定是要均衡各种要素，达到最优。

再来说说苹果产品。只要苹果发布新品，网上一片批评声，你拿出各个单项指标来看，苹果都不领先，因为苹果采用的很多技术都不是它自己公司内部开发的，所以评估单项技术他们并不占优势。苹果在宣布了iPhone X的刷脸技术后，很多网友吐槽说中国的手机早就有了。早就有了并不稀奇，苹果不追求早就有的技术，苹果基本上不做基础研究，事实上苹果的研发费用相比它的营业额是很低的，绝对数也比谷歌和微软低很多，可是这并不妨碍苹果成为一家伟大的公司。因为苹果只是在自己的边界内、在整体上做到最好。

回到教学设计上来，我们往往为了搞"科研"或者"创特色"，会把某一件小事做到极致，把某个单项做到无人企及的高度，这样的"傻事"，建立了系统思维的人，是不会干的。相反，追求单向指标很危险，如果为了提高分数而阻碍了学生综合素养提升，或为了GDP而牺牲生态环境，都会成为罪人了。

系统化的教学设计一定要引入一个经济学概念，那就是经济学家所说的

"机会成本"（opportunity costs）。我们在安排某个教学活动的时候，不仅要考虑做这件事会带来哪些好处，同时要考虑，如果不做这件事而把这点时间用来干别的，会带来哪些收益。比如说，你让学生练毛笔字，那很好啊，我们有一万条理由让学生每天花时间练习毛笔字，但是，你有没有想过，如果把练毛笔字的时间用在别的更有智力含量的事情上，是不是效益更高呢？

现在全国一窝蜂地搞地摊经济，动机很好啊，可是你有没有想过，地摊经济实际上打击了店堂经济，那些花了很大成本租店面的商家怎么干的过地摊呢？

说了那么多教学设计中的系统思维，我们已经知道所谓系统，就是一个由很多部分组成的整体，各个部分之间互相联系，不能为了做强一个要素而导致其他要素受损。总之，教法不在多也不在新，够用就好。

摸着石头过河

系统思维似乎给大家的教学设计带来了"不一定"，而教学设计又要努力追求确定性，你会发现有时候在有些场景中，有些知识不好用，这就是出现了"不一定"，那该怎么办呢？

一种做法就是左思右想，反复琢磨；还有一种做法就是"摸着石头过河"。在面对不确定的情况下，前一种做法是错误的。

14 世纪，在巴黎大学任教的布里丹在一次自由问题讨论时讲述了这样一则寓言故事：布里丹每天都要购买一堆草料来喂养自己的小毛驴。某天，出于对这位哲学家的敬仰，送草的农民额外赠送了一堆草料，可是万万没想到他的好心办了坏事。原来，饥肠辘辘的毛驴站在两堆完全相同的干草间无所适从，它犹犹豫豫，来回对比，试图分辨两堆草料的优劣。最后，竟在长时间的左右为难中活活饿死。

面对不确定的正确做法是大胆尝试，摸着石头过河，干了再说。不过，必须要不断评估干的过程和干的结果，不断总结经验教训，以提高下一次摸石头过河的成功率。这套摸着石头过河的方法就教学设计的 ADDIE 程序。几乎所有的经典教学设计模式都是在 ADDIE 模式基础上变化而来的。该程序的各个字母分别代表了分析阶段、设计阶段、开发阶段、实施阶段和评估阶段。具体来说，就是：

Analysis——分析。对教学所要达到的目的、任务、学习者需求、环境等进行一系列的分析。

Design——设计。对将要进行的教学活动进行设计，包括具体目标陈述、测试项目编制和教学策略选择等。

Development——开发。教学材料的准备，进行相应的文案内容撰写、板书和 PPT 设计等。

Implement——实施。对已经开发的课程进行教学实施，同时进行实施支持。

Evaluation——评估。对已经完成的教学及学习者的学习效果进行评估。

在 ADDIE 五个环节中，分析与设计是前提，开发与实施是核心，评估为保证，三者相互联系，密不可分。

不过，这里要强调的是，这个程序中的每个阶段，都需要做评估，分析、设计、开发、实施要做评估，而且连同最后一个环节"评估"也要被评估。不仅要评估，而且要对评估后发现的问题再进行分析，分析问题后还要及时修正。所以，ADDIE 模式实际上在境界上要高于摸着石头过河，这个模式不仅确保走到河里不被淹死，还能顺利到达彼岸。

所以，摸着石头过河实际上是"权变思想"，而 ADDIE 模型是"系统思维"。

从量入为出到量出为入

系统思维的"系统"强调的是，一个由很多部分组成的整体各个部分互相之间是有联系的。系统思维非常关注如何将各个部分组成一个统一的整体，方法就是使每个部分都拥有一个共同的目标。目标不明确，系统就是无目的的，那就可能出问题。

组成系统的各个部分，有时候和系统的总目标是不一致的。举个例子说，中国足球为什么老踢不好？一个重要原因就是足球这个系统目的不明。到底是为了让国家队取得好成绩，还是为了发展足球产业、让中国人民享受足球呢？如果是前一个目的，就应该不惜一切代价保证国家队的水平；如果是第二个目的，就应该好好建设中超联赛，请最好的外援，把中超联赛变成世界五大联赛之一。但是看看中国足协，似乎什么都抓，又什么也没抓。

课堂教学这个复杂系统，要成为一个整体，也首先要考虑教学目标，也就是一堂课所要输出的成果。做教学设计时就要根据对"输出"的定义，来考虑"输入"什么和如何"加工"。

在教学的优化设计方面，威金斯和迈克泰提出了一种"逆向设计"（backward design）模式，主张在教学设计中首先明确学习成果（目标），然后确定实施评价成果的方式，最后规划学习经验和教学。

我认为逆向设计完全符合系统思维的思想，我称逆向设计为"量出为入"的方法。传统的教学设计采取的是"量入为出"的策略，也就是根据需要"输入"的学习内容，来构想需要学习者做哪些"输出"。

以合作学习为例，按照"量入为出"的策略，我先把合作学习的来源、概念、要素、策略和方法、评估和评价等知识告诉大家，这叫作"输入"，然后再来给大家布置作业，让大家去实践操作。可是，按照"量出为入"的策略，我应该先想好，等我全部教完后，请大家输出什么，是要能开一堂合作学习的课，还是能指导其他教师开展合作学习，还是只要了解合作学习的基本知识？等我把需要大家输出什么想好后，再来进行选择，到底要给大家输入什么，以及要如何加工。显而易见的是，量出为入的方法属于最经济的"够用就好"的原则，也是最符合系统优化思想的。

逆向设计的精髓就在于减少教学的随意性。逆向设计在哪里体现"逆向"？逆向主要就是在明确了教学目标后，为更好地达成目标，将学习评价前置到教学活动设计之前进行考虑，这种设计方式有别于传统教学设计，因为传统教学设计将评价置于最后。将评价前置是迫使我们的教学设计和实施不要偏离教学目标，尽可能地减少与教学所要输出的结果无关的教学活动，以保证教学这个复杂系统的整体性和确定性，这就有效防止了教学的随意性。

所以，逆向设计包含着一个极其重要的教学行为就是确定合适的评估证据。我们如何知道学生是否已经达到了预期结果？哪些证据能够证明学生的理解和掌握程度？逆向设计要求教师要根据所收集到的评估证据来思考教学活动的组织和安排，要"像评估员一样思考"，思考如何确定学生是否已经达到了预期的理解。

我们经常说，要灵活运用多种教学方式，可是，灵活性并非随意性。教学设计就是根据现有的信息量，尽量增加课堂教学的确定性，抵消可能的不确定性，以减少教学过程中的"随意性"。

以上我给大家介绍了什么是"量出为入"，也就是通过"量一量"输出，进而影响输入。

碎片化学习

关于教学设计，基本上就讲完了，相信大家对"教学设计是个技术活"已经有所体会。

教学本质上是一项（一系列）技术，是不可以随心所欲的。当我们说"教学是一门科学"时，关注的是教学活动应该按规律办事，只有将行为理论、认知理论和建构理论中的概念和原理学好了，并遵循这些概念和原理展开教学，才是好的教学。当我们说"教学是一门艺术"时，强调的是教学的灵活性和美感，强调教师的个性抒发，以及教学给师生带来的愉悦感。

不过，很少有人愿意承认教学是技术，虽然教师拿到的职称证书上赫然写着"专业技术职称"。一些名师名家要么特别能写论文，要么特别能展示自己的个人风采，光荣地评上教授级（正高），却很少有甘于自称工匠的。这与我们传统文化中历来重"道"轻"术"有关，也与我们当前的教师评聘体系有关。

我认为，我们学习教学设计，要多多关注技术层面上的问题，思考怎样使自己掌握设计和实施一堂课乃至一个单元课的操作程序，而不要仅停留在理念和概念上。举个例子来说，理念上和理论上都说了，要以学生为本，以学生的学习为本，而教师则要成为配角和伙伴，课堂上要与学习者对话，还要创造更多的让学习者之间相互对话的机会，可是当这些话都说完了，剩下的就是具体怎么做的问题了，剩下一堆技术问题需要我们这些"专业技术人员"来逐一解决的。

如果你承认，教学设计是个技术活，那么应该怎么学习呢？一个好的教学设计者首先要能设计自己的学习。

关于如何学习教学设计，我主张应该进行系统化学习，所谓系统化学习就是要从头开始学，完整地学；不仅学的内容要完整，而且学习过程也要完整，从"知道"到"理解"再到"近迁移""远迁移"，一步步深入，一步步拓展。

可是，有的老师可能会说，工作太忙了，哪有时间学习？我的建议是"碎片化学习"。大家可能要嘀咕了，又要系统化学习，又说碎片化学习，这不是自相矛盾吗？

其实不矛盾。有些人反对碎片化学习，反对使用网络、电子书、微信来学习，认为这么学容易心浮气躁，也很不系统，知识的结构化程度很差。其实，这是对碎片化学习的误解。碎片化学习是指利用碎片时间来学习，学习的内容可以是碎片化的，也可以是结构化的。利用碎片时间学习的最大好处是充分利用时间，马桶上、地铁上都能学习，在分割学习内容后，每个碎片的学习时间变得更可控，提高了学习者掌握学习时间的灵活度；在分割学习内容后，可以重点学习对自己更有帮助或启发的那部分内容，而对于一些无关紧要或已经熟知的知识大可以忽略一下；由于单个碎片内容的学习时间较短，保障了学习兴趣，在学习成效上对于知识的吸收率会有所提升。我本人就是碎片化学习的践行者，因为工作关系，我一年中大部分时间是在旅途中度过的，我的大部分学习也就只能在旅途中完成，而哪个旅途不"碎片"呢？

我们成年人的学习，除了要充分利用碎片时间，而且还要善于用非正式的学习方式。

长期以来，教师专业能力的提升主要通过正式学习来完成。正式学习发生于那些有组织和结构化的情景中（如正规教育、组织内部培训等），学习内容和过程由学校决定，所以学习的内容、途径和形式大多是考虑教育部门和学校发展的需要，而未必是老师们的需要。

与正式学习相反，非正式学习是由学习者自主产生的、自己控制的，是通过自我指导或非教学性质的社会交往来获取新知的学习活动。非正式学习是从日常经验和周围环境资源中来获得知识的，这些资源包括家庭、邻居、同事和朋友，来自工作、娱乐、商店、图书馆或大众媒体。

事实上人们所学到的东西，特别是那些真正重要的知识并不都来自于正规的课堂。有研究发现，教师的专业学习中大部分的收获来自于非正式学习而不是正式学习，是在合作和对话互动中产生的；人们在工作中用到的知识有70%左右是来自于与同事非正式的交流获取的。

非正式学习主要包括两类：一是独立学习，二是教师群体间交互的学习。属于独立学习的非正式学习方式主要有自我反思、阅读专业文献、上网搜集资料、阅读报纸杂志、收听或观看媒体节目、参观或观察学习等；属于群体间交互的非正式学习方式包括与同事（网络中的同事）交流探讨、向他人请教咨询、与学生交流、参与非正式团体组织的教学研究活动、互相观摩学习、阅读与工作相关的文章和到教育论坛上发帖、跟帖等，不一而足。

总之，教学设计是个技术活，要系统、全面和完整地学，但是在具体的学习中，可以碎片化和非正式地学。

教学反思与专业合作

学好教学设计，根据信息加工理论。你花时间读完这本书，只算是在"输入"；利用碎片化时间以及通过非正式方式进行思考和讨论，这算是"加工"；在课堂实践中使用学到的策略和方法，这是在"输出"；而后一定要通过反思，使自己成为教学设计的行家里手。

关于反思，我们在之前的第十讲中已经讨论过。这里要谈的是教师的"反思"，也就是教师以自己的教学活动过程为思考对象，来对自己所做出的行为、决策以及由此所产生的结果进行审视和分析的过程。简单地说，就是你要把自己当成是局外人，以此来理解自己的行为与学生的反应、学生学习结果之间的动态因果联系。在做教学反思的时候，你既是一个演员，又是一个评论家。

反思最大的好处是促进"自我认知"，美国心理学家乔和韩瑞对于"自我认知"进行了多年的研究，提出了著名的"乔韩窗口理论"。这一理论认为，每个人的自我，根据我自己知不知道和别人知不知道，分为四个部分：盲目的自我、秘密的自我、公开的自我和未知的自我。有些自我是"盲目"的，你周围人知道而你却不知道的自己；有些自我是"秘密"的，别人都不一定能了解到，只有你自己最知道自己；有些自我是"公开"的，外人知道，你也知道；有些自我是"未知"的，只有通过测试或反思才能发现自我。

做自我反思之所以那么难，是因为反思不属于人的"本能"，人的本能是为自己辩护的。美国著名社会心理学家卡罗尔·塔夫里斯有一本写得很不错的书叫《错不在我》，书中说到，犯了错之后的自我辩护是一种自动完成的保护机制。自我辩护的本质是认知失调，所谓认知失调就是当自己的行为和事实发生冲突的时候，人们就会想方设法调和这种矛盾，让它变得统一。我们知道错误导致的结果会带来一系列负面情绪，伤害我们的身心。但是大脑会保护我们的身体，大脑是不会让身体经常受这种折磨的，所以一开始就把责任推卸掉，这是最简单、最有效的方法。所以，只要是人，都不太愿意做自我反思。

于是，就要通过教师的群体活动来提高反思的愿望和动机。这里要讲讲校本研修活动了。

我们一般把促进反思的教研活动称为"校本研修"。校本研修能否促进教师群体性的自我反思，一是取决于活动的流程设计，二是取决于教研组本身的效能。其实任何活动要取得成效，都需要考虑流程的设计问题和组织本身的效能问题。

校本研修活动没有组织好，那么促进反思的目的也是很难达到的。研修活动不是会议，也不是简单的培训，因为会议和培训往往都是强制的，参与者缺乏主动性。当事人因为不必承担任何责任，在态度上总是不够积极；会议和培训是按照预先安排好的既定内容开展活动，结论是预设的，于是，"认同"变成了"说服"，"学习"变成了"灌输"；在会议和培训中，主持人与演讲者成为会场的主角，参与者不得不充当配角，而在真正的研修活动中，参与者应该成为主角。

我们一般都很重视校本研修的内容，却不太重视研修活动的方式，但其实活动方式起到关键性作用。这就涉及校本研修的"流程设计"问题。

团队协作的研究总体上认为，提高团队协作能力的最重要的工具就是"解决问题或制定决策的固定程序"，对一个高效的团队而言，使用一种固定的程序比总是把大量精力花在选择程序上更为重要。据研究，多数程序在大体形式上都会包括以下六个步骤：

（1）确定问题。在团队中，由于不同的人对问题的理解不同，因而许多努力会付诸东流。让每个人轮流解释领导者对该问题的指示是一种特别有用的方法。这种方法可以引起对个人偏见或新观点的注意。

（2）熟悉背景。在这一阶段，每个人都应该充分考虑与问题有关的所有背景信息。在实施解决问题的步骤之前，大部分的背景信息都要在组织中畅通无阻地传播。这时，尤为重要的是要减少解决问题过程中的制约因素。例如，解决问题的方案必须简单明了，便于执行。

（3）提出思路。使用"头脑风暴法"提出思路。在有效的头脑风暴中，某个人的某种想法会激发另一个人的另一种想法，互相激发所产生的思想火花会像电流一样在团队成员的头脑中闪动。实现这一效果的关键是以下两个基本要领：所有的想法都要记录；不要对任何想法品头论足。

（4）归纳意见。这一步最好由团队中的一到两个人来完成，最后反馈给整个团队，他可以把在"头脑风暴"中收集到的杂乱冗长的意见归纳成若干个和谐有序、有连续性的成套工作方案。

（5）选择方案。在此阶段，团队的任务是从逻辑上理性地评估各种主张，给出所有的背景信息，提出一种或多种实际有效的工作方案，权衡每种方案的利弊。这个过程是个优胜劣汰的过程。

（6）团队认可。一旦有了最终的候选方案，团队就需要留出专门的时间来考虑下面的这两个问题：一是团队内部的人对每个方案抱有多么大的认同；二是团队之外的人会对此做何反应。这一步的作用在于它能促使人们体会到别人的感受，有利于防止人们私下进行议论。

以上，我们谈到团队合作解决问题的流程设计，介绍了一个通用的流程供大家学习参考。但是，教研组是一个组织，如果教研组本身效能低下，再好的流程也无法实施。

组织的效能到底应该如何衡量？

在这方面，施穆克和伯利哈特的理论很有说服力，他们将小组的功能划分为"完成任务"功能和"社会维持"功能两大方面，他们认为这两大功能发挥得好，则团队的效能高。

我们先来看教研组"完成任务"的功能，主要包括：

（1）发起与定向。主要有：提出任务与目标，定义小组问题，确定解决问题的程序，推动小组充分开展活动等。

（2）提供信息与意见。主要有：提供事实、证据、个人经验及与小组任务相关的信息；说明信念、价值观、看法、从证据中得出的结论等。

（3）寻求信息与意见。主要有：向小组成员请教或质疑，获取相关的证据，寻求建议、看法和观点等。

（4）澄清与精细加工。主要有：解释论题、思考观点、澄清含糊的说明、举出实例扩展原先表达的观点、指出小组面临的替代解决办法及问题等。

（5）总结与评价。主要有：将相关的观点加以归纳，重新阐释经小组讨论后提出的建议并提示要点；对相关的信息或观念做出价值判断，提出或运用相应标准。

（6）程序说明与建议。主要有：说明或提出所遵循的行动步骤，提出问题产生的动因、解决问题的模式或特别方案。

（7）结论检查。主要有：询问小组所做的决定是否大家都能接受，对大家可能赞同的方案提出建议。

教研组除了"完成任务"的功能，还有"社会维持"功能，主要包括：

（1）建立规范。主要有：对小组成员的行为规范提出要求，对不良行为给予批评。

（2）鼓励支持。主要有：对某个成员的观点、建议等表示赞同、欣赏，认真倾听别人的想法，尊重别人的情感。

（3）促成介入。主要有：观察他人是否有发言机会，是否有人沉默寡言或分心走神，努力做到人人畅所欲言。

（4）协调气氛。主要有：协调或磋商群体中的矛盾，减少紧张，强化小组凝聚力与认同感。

（5）让步妥协。主要有：对自己的主张、观点能做出让步，敢于承认错误，征询别人的意见，接受新方案。

我认为，相比于"完成任务"，教研组在"社会维持"方面恐怕任务更重，这主要是因为在大多数中小学，教研组成员之间事实上存在着竞争关系，在不良的学校文化下，竞争关系有时候甚至是恶性的。因此，建立良好关系是提高团队效能的关键所在。

如果要给同事之间的交往关系打个比方的话，最好的同事关系应该像是结实的混凝土。混凝土是怎么构成的？混凝土无非就是水泥、粗骨料（碎石或卵石）、细骨料（砂）这些材料和水拌和，经过硬化，形成的一种人造石材。可是，混凝土却十分坚固。

优秀的教师团队就像是混凝土：每个成员各有所长，知识结构、年龄结构、男女结构、工作经验等都需按比例配置；在混凝土的形成过程中需要水，水起到一种融合的作用，那就是团队信任，正是信任构成了团队坚实的基础。

对教师群体来说，如果没有信任，每个人都还只是一个个独立的个体，这就如混凝土在成为混凝土之前，如果没有水，散沙还是散沙，何来混凝土？因此，教师团队内的每个成员都有责任创造一个相互信任的团队文化。信任能使人处于相互包容、互相帮助的氛围中，易于形成团队精神以及积极热情的情感。因此，信任就是团队的黏合剂。有了团队信任，才有团队的"社会维持"功能，必将深刻影响到教师专业成长和学生的学业进步。

本讲小结

这是本书的最后一讲，主要讲了系统思维作为教学设计强有力的武器，在教学设计过程中是如何发挥作用的，以及我们如何学好教学设计的技术，使自己在专业道路上不断精进。以下是这一讲的要点：

（1）学习教学设计的原理和方法，目的是增强教学的确定性；

（2）因为教学存在较大的确定性，所以不要被时髦的概念、教法、潮流所左右，坚持"够用就好"的原则；

（3）教学很复杂，毕竟存在一定的不确定性，因此要引入 ADDIE 模式，不断评估和改进，寻找"最优"；

（4）所谓最优，是系统思维的观点，系统达到最优一定是整体平衡的；

（5）整体平衡取决于子系统或部分与整体在目标上的一致性；

（6）为保证目标一致，要采用逆向设计，将评价前置。

思考题

现在网络资源很丰富，名师的教案唾手可得，如果好的教学设计可以将教学目标、评价方案和教学过程都大致上敲定下来的话，我们可不可以直接照着这些教案授课？说说你的想法。